Aus den Augen der Tiere

~ Tiere als Wegweiser unseres Lebens ~

von Sarah Rogalski

„Einzig die Liebe verbindet auf ewig.
Alle anderen Verbindungen sind nicht von Dauer.
Die Liebe jedoch überdauert alles."

- Shabanna

Aus den Augen der Tiere

Tiere als Wegweiser unseres Lebens

von Sarah Rogalski

Besuche mich im Internet:

www.tiertouch.de

www.aus-den-augen-der-tiere.de

FSC
www.fsc.org
MIX
Papier aus verantwortungsvollen Quellen
Paper from responsible sources
FSC® C105338

Bibliografische Information der Deutschen Nationalbibliothek:

Die Deutsche Nationalbibliothek verzeichnet diese Publikation in der Deutschen Nationalbibliografie; detaillierte bibliografische Daten sind im Internet über http://dnb.dnb.de abrufbar.

Herstellung und Verlag: *BoD – Books on Demand, Norderstedt*

ISBN: 9783735737458

INHALT

Vorwort

Lieber Leser / liebe Leserin,

herzlichen Dank, dass Du dieses Buch gerade in den Händen hältst und Interesse an den Themen zeigst, die mich bewegen und mein Leben maßgeblich geprägt haben. Zu diesem Buch haben mich viele Personen, Tiere und Erfahrungen in meinem Leben inspiriert. Es ist aus einer Reihe von Impulsen und Eingebungen entstanden, denen ich gefolgt bin. Auch möchte ich ein wenig mit den Vorurteilen aufräumen gegenüber den Themen, die in diesem Buch behandelt werden.
Aus eigener Erfahrung weiß ich, was für Vorstellungen manch einer über die Tierkommunikation und ähnliche Themen hegt - das gibt es doch alles gar nicht, mag so mancher Verstand noch urteilen. Mit Tieren sprechen? Ein Leben nach dem Tod? So meckert unser Verstand gerne mal oder unser Umfeld konfrontiert uns damit, wenn die Themen für dieses noch unvorstellbar scheinen.

Lass Dir sagen - ich kann beiden Seiten nachempfinden! Denn bevor ich mich diesen Themen wieder bewusst zugewandt habe, habe ich ganz ähnlich gedacht. Tief in mir spürte ich jedoch schon immer, was die eigentliche Wahrheit ist.

Doch möchte ich dazu auch anmerken, dass dies meine ganz persönliche Wahrheit ist – nehme daher nur das von meinen geschriebenen Worten an, was sich für Dich selbst stimmig und wahr anfühlt!
Diese innere Wahrheit, welche ich wahrnahm, war jedoch einige Jahre lang gut verschüttet und verdeckt von den Ansichten meines Umfeldes, die ich für mich selbst übernahm.
Ich begann mich anzupassen, weil ich augenscheinlich keine andere Wahl hatte.Auch wenn es mir damit nicht gut ging und mir dies im Nachhinein erst so richtig bewusst wurde. Früher dachte ich, dass alle Menschen, die sich mit Themen dieser Art beschäftigen abgehoben seien, irgendwie anders, so als würden sie über dem Boden schweben und jeglichen Hang zur Realität verloren haben – was ein Irrglaube!

Heute weiß ich, dass es auch viele Menschen gibt, die sich mit der Tierkommunikation und ähnlichen Themen auseinandersetzen und gleichzeitig absolut bodenständig sind und denen man dieses Wissen und Interesse eventuell gar nicht zutrauen würde.
Woher ich das weiß?
Weil ich mich zu ihnen zähle! Sowie ich auch viele meiner Freunde und Bekannte dazu zähle, die nach und nach in mein Leben getre-

ten sind. Wenn ich meiner Berufung als Tierkommunikatorin nachgehe, sitze ich ja auch nicht barfuß, umgeben von Kerzenlicht und Räucherstäbchen vor einem Altar.
Nein... ich sitze bequem, sowie es mir recht ist und ich mich wohlfühle vor meinem Laptop, sortiere meine Gedanken und Gefühle und schiebe diese für den Moment beiseite, um mich auf das jeweilige Tier zu konzentrieren. Anschließend widme ich mich wieder den alltäglichen Aufgaben zu, wie jeder von uns! Ich habe einfach gelernt meine natürlichen Fähigkeiten wieder zu nutzen und zu trainieren, die sich schon abzeichneten, als ich noch ein kleines Kind war.

Seitdem ich mich meinem Umfeld nicht mehr versuche anzupassen und meinem Herzensweg folge, nämlich dem, was sich für mich persönlich richtig und stimmig anfühlt, bin ich glücklicher, entspannter und ausgeglichener denn je und unsagbar dankbar!

Das Leben kann so schön sein, wenn wir ihm vertrauen, den Impulsen folgen und somit im natürlichen Fluss des Lebens sind. Natürlich werden einem auch dann Herausforderungen und Probleme im Leben begegnen.
Der Unterschied ist jedoch, dass man sich wesentlich leichter tut diese zu meistern. Die Tiere waren und sind mir wichtige Wegwei-

ser in meinem Leben und es ist mir ein Anliegen auch Dich an diesem Wissen, welches sie mir vermittelten, teilhaben zu lassen.

Einleitung

Es hat eine Zeit des Wandels begonnen. Es geht langsam, aber stetig voran. In den letzten zehn Jahren habe ich diesen Wandel deutlich wahrgenommen, auch in Bezug auf die Tierkommunikation. Die Menschen werden bewusster, finden immer mehr zu ihrem Ursprung zurück und andere Werte werden ihnen wieder wichtiger. Auch werden immer mehr Kinder geboren, die „anders“ sind, die auch zur Zeit des Wandels beitragen und beitragen werden.
Man muss sich nur mal überlegen, wie stark sich schon die Generationen voneinander unterscheiden. Dazwischen liegen gerade mal ein paar Jahrzehnte. Wir sehnen uns immer mehr zurück nach der Natur, nach all den Jahren des technischen Fortschrittes.

Es ist eine Zeit, wo die Menschen sich wieder dem Öffnen, was es seit Anbeginn der Menschheit gab, doch im Laufe der Zeit für uns unwichtig wurde. So sehr, dass es irgendwann in Vergessenheit geraten ist und wir diese Dinge zuletzt als „Hokuspokus“ oder „Spinnerei“ abgetan haben. Auch die Tiere tragen jetzt zum Wandel bei. Es gibt immer mehr Vegetarier und Veganer.
Die Menschen fangen an, lang praktizierte Dinge im Umgang mit dem Tier zu hinterfragen und in vielen Fällen auch zu verändern.

Ich möchte Dir zusammen mit den Tieren tiefe Einblicke in das Wesen und die Seele der Tiere bieten, ihre Botschaften teilen und in ihre Sichtweise blicken lassen. Ebenso möchte ich Dir zeigen, wie wegweisend die Tiere für uns sind, uns bei unserer Entwicklung helfen, auch anhand unglaublicher Erfahrungen aus meinem Leben mit den Tieren. Ein Praxisteil für Dich ist vorhanden, welcher Dir den Zugang zu den Tieren auf diese spezielle Weise leichter machen soll.

Aus den Augen der Tiere – viele von ihnen haben weise Botschaften für uns. Botschaften, die berühren, ans Herz gehen und uns weiter bringen. Oft blicke ich staunend zurück im Hinblick darauf, wie sich die Dinge gefügt haben, Tiere ihren Weg zu mir fanden oder auch von mir gingen. Alles hatte am Ende seinen Sinn. War für etwas gut.

Ganz im Sinne des Zitates: „Und wenn es nicht gut ist, dann ist es noch nicht das Ende"…

Nun möchte ich auch Dich an den Erlebnissen teilhaben lassen, die mein Leben geprägt haben und den Blickwinkel zu den Tieren nochmal verändern wird.

Ich wünsche Dir viel Freude beim Lesen!

Tierkommunikation

– eine universelle Sprache auf der Seelenebene –

Immer mehr hört man inzwischen über die Tierkommunikation, sei es in den Medien oder im nahen Umfeld. Handelt es sich hierbei um eine neumodische Erscheinung?

Nein! Tatsächlich gibt es die Tierkommunikation seit Anbeginn von allem Ursprung, wir haben diese Fähigkeit verlernt, da diese Art der Kommunikation irgendwann nicht mehr gebraucht und somit über die Jahre hinweg vergessen wurde. Die Bezeichnung „Tierkommunikation" ist vermutlich ein neuer Begriff, denn diese Art der Kommunikation funktioniert nicht nur mit Tieren, sondern mit allen Seelen.

Es ist eine universelle Sprache, die weit über unsere Lautsprache hinausgeht. Bei uns Menschen ist diese Lautsprache in unsere Sprachen gegliedert, auch jede Tierart hat ihre eigene Lautsprache. Doch darüber hinaus gibt es noch mehr. Eine universelle Sprache auf der Seelenebene, die jeder von uns beherrscht – auch Du!

Diese universelle Sprache macht tiefes Verständnis auf allen Ebenen möglich und wird in Verbindung mit den Tieren Tierkommunikation genannt.

Wir sind alle miteinander verknüpft und verbunden. Der Raum um uns herum, der für uns nicht greifbar ist und scheinbar nur zum Atmen dient, ist wie ein durchsichtiges Netz, welches alles und jeden miteinander verbindet. Selbst die Wissenschaft macht in dem Bereich Fortschritte, erklärt immer mehr solcher „Phänomene" und beginnt diese zu belegen.

Ich bin mir sicher, dass die Wissenschaft noch mehr Erkenntnisse hervorbringen wird, denn: „Was eben noch belächelt wird, ist morgen gängige Lehrmeinung!". Überlege nur einmal zurück, wie viele Dinge zu seiner Zeit unmöglich schienen und heute ganz normal für uns geworden sind. Wir fliegen mit Maschinen durch die Lüfte, wir halten einen schnurlosen Gegenstand ans Ohr, um uns mit einem anderen Menschen zu unterhalten, der sich kilometerweit entfernt aufhält.

Wir benutzen Computer, das Internet, Strom und all diese Dinge, die jetzt ganz selbstverständlich zu unserem Alltag gehören – eigentlich unglaublich, oder? Doch wir nutzen sie. Tagein, tagaus ohne Zweifel, dass sie funktionieren, denn wir haben ja den täglichen Beweis und profitieren von den Annehmlichkeiten.

Der Mensch hat sich im Laufe der Zeit entwickelt und die universelle Sprache, die auch Telepathie genannt wird, ist uns verloren gegangen. Wir hörten auf sie zu benötigen. Naturvölker nutzen die

Telepathie teilweise noch heute zur Kommunikation, doch wir haben Telefone, Handys und das Internet um uns über die Ferne austauschen zu können. Vielen Menschen sind mittlerweile zu verkopft, um sich auf die leise innere Stimme zu besinnen.
Ständig gehen uns Gedanken durch den Kopf, wir sind im Stress und können schlecht abschalten. Sind gefangen in den Mustern, die mit der Zeit zur Normalität wurden – Job, Geld verdienen, gesellschaftlichen Verpflichtungen gerecht werden und so weiter. Da kommt diese leise universelle Sprache nicht mehr zu uns durch, wir haben sie schlicht verloren über all die vergangene Zeit und irgendwann war sie vergessen. Ähnlich wie Hilfsmittel, die vor zweihundert Jahren von Jedermann gebraucht und genutzt wurden und wir heute vermutlich nicht mehr wüssten, was wir damit anfangen können, wenn wir diese in der Hand halten würden.
So, wie vermutlich die nächsten Generationen irgendwann nicht mehr wissen werden, was eine Diskette oder eine Schallplatte für einen Nutzen hatte.

Jedoch werden weiterhin alle Menschen mit dieser Fähigkeit geboren. Kinder kommunizieren mühelos und wie selbstverständlich mit den Tieren, bis zu dem Moment, wo sie mitbekommen, dass dies ja gar nicht so normal zu sein scheint, wie sie bis dahin glaubten.

Sobald die Eltern oder andere Bezugspersonen komisch oder gar nicht darauf reagieren und selbst nicht mit den Tieren kommunizieren.
Kinder lernen durch positive Bestärkung, daher kommt den Meisten diese Gabe schnell abhanden und wird verdrängt. Sie hören auf, auf diese Weise zu kommunizieren, weil dies nicht „normal" erscheint und schließen sich dem an, was ihnen vorgelebt wird, so wie auch ich es als Kind tat.

Diese Kommunikationsebene ist eine tiefe Art des Verstehens. Die Zuwendung und das Verschmelzen der Seelen für einen Moment. Worte aus unseren Sprachen können nur begrenzt den Inhalt einer solchen Kommunikation wieder geben. Nehmen wir noch einmal das durchsichtige Feld oder Netz, welches uns alles miteinander verbindet. Wir haben die Möglichkeit mit jedem Tier zu kommunizieren, auch die Entfernung spielt dabei keine Rolle. Wir können Kontakt zu einem Tier herstellen, welches vor uns sitzt, aber ebenso gut mit einem Tier, welches sich kilometerweit entfernt befindet oder gar auf der anderen Seite der Welt.

Wie? Das „Wie" kann unser Verstand häufig noch nicht begreifen, denn der Verstand bedient sich immer an den bereits gemachten Erfahrungen. Er hat keine Möglichkeit etwas in Betracht zu ziehen, was er noch nie erlebt hat und versucht es von anderen ähnlichen Erfahrungen abzuleiten. Was hätten wohl die Menschen damals gedacht und gesagt, hätte ihnen jemand weismachen wollen, dass es bald so etwas wie Flugzeuge oder Handys gibt? Doch häufig, wenn wir unseren Kopf für einen Moment bewusst abschalten und das Herz öffnen, können wir innerlich ein „Ja!“ spüren. Man weiß, dass es wahr ist, weil die Wahrheit noch tief in uns verborgen liegt.

Aber um es Deinem Verstand ein wenig zu vereinfachen, wenn er sich gegen das einfache Vertrauen noch sträubt, möchte ich Dich an Dinge erinnern, die wir ebenfalls nicht bis ins kleinste Detail erklären können, die aber dennoch funktionieren: WLAN, Strom, Telefonate via Handy.
Oder mache Dir einmal die Funktion des Radios bewusst. Vom Radiomast werden Wellen ausgesendet, die von Deinem Radio empfangen werden können. Dies geht über eine weite Entfernung hinaus. Jetzt in genau diesem Moment befindet sich ein Lied in Deinem Raum, auch wenn Du es mit Deinen physischen Ohren nicht hören kannst. Wenn Du aber das Radio einschaltest und die richtige Frequenz einstellst, wird dieses Lied auch für Dich hörbar. Auch unsere Gedanken senden messbare Wellen aus, die vom Tier empfangen werden können.

Damit ich zu dem Tier eine Verbindung herstellen kann, welches ich noch nicht vor Ort kennen gelernt habe, brauche ich dafür beispielsweise ein Foto. Dieses dient für mich als eine Art Telefonnummer, damit ich die richtige Frequenz einstellen kann und das gewünschte Tier erreiche und nicht ein anderes mit demselben Namen.

Die Tierkommunikation hilft uns zu einem besseren Verständnis zu unserem Tier, es hilft Missverständnisse aufzudecken, beispielsweise um zu verstehen, warum sich ein Tier wie verhält, wenn es ein Problem gibt oder das Tier eine plötzliche Verhaltensänderung zeigt.
Die Tierkommunikation nimmt uns die Sprachbarriere,
die zwischen Mensch und Tier herrscht, so wie sie auch zwischen zwei Menschen herrschen würde, die aus einer anderen Kultur stammen und zudem eine andere Sprache sprechen.
Sie macht uns aber auch die Botschaften der Tiere zugänglich, denn die Seelen der Tiere unterscheiden sich nicht von den unseren und machen genauso ihre Lernerfahrungen hier auf der Erde, spiegeln uns und können uns ebenso Freund und Gefährte sein.

Meine Tiergefährten

Bevor ich mit den Themen des Buches starte, möchte ich Dir an dieser Stelle die fünf Tiergefährten vorstellen, die zum Zeitpunkt der Entstehung meines Buches, bei und mit mir leben. Sie haben die Geschichten und Themen im Buch maßgeblich geprägt und mir zum Teil ihre Botschaften dazu vermittelt.

Shabanna

Shabanna ist eine Siamkatze, die am 03.06.2004 das Licht der Welt erblickte. Sie begleitet mich seit ihrer zwölften Lebenswoche und ist die wohl größte Tierkommunikations-Lehrerin an meiner Seite. Wer weiß, ob dieses Buch ohne ihr Dasein überhaupt existieren würde... Mehr zu ihr erfährst Du daher in einem eigenen Kapitel.

Arvio

Arvio ist Shabannas Sohn. Wenn ich dies Besuchern erzähle, die zum ersten Mal bei mir sind, ernte ich meistens erstaunte Blicke. Denn Shabanna ist eine sehr zierliche, kleine Katze mit einer dunklen Sealpointfärbung und blauen Augen, während Arvio ein stattlicher Kater ist. Er hat zudem langes Fell, einen puscheligen Schwanz, Ohrenpinsel und ist weiß mit braungrauer Tigerung. Daher wird er oft für einen norwegischen Waldkater gehalten. Tatsächlich ist sein Vater aber ein Bauernhofkater. Er war ebenfalls eher zierlich, weiß mit roten Flecken.

Mit Arvios Entstehung beginnt auch zu gleich der erste Erfahrungsbericht in Sachen Tierkommunikation!
Denn geplant war diese spezielle Züchtung ganz und gar nicht! Ich war siebzehn Jahre alt und besuchte das erste Tierkommunikations-Seminar in Österreich. Zuvor brachte ich mir die Tierkommunikati-

on seit zwei Jahren selbst bei. Shabanna war bis dato das einzige Tier, was ich mühelos verstehen konnte.

So kam es auch, dass ich während meiner Abwesenheit mit ihr kommunizierte, um zu erfragen, wie es ihr geht und ob zu Hause alles in Ordnung ist. Sie antwortete nicht auf meine Frage, dafür aber mit sehr aufgeregten Gefühlen und mir schoss durch den Kopf: „Ich krieg Babies, ich krieg Babies!". Irritiert hakte ich nach und sie zeigte mir ein Bild in eindeutiger Position mit einem unserer damaligen Kater. So richtig glauben und vertrauen konnte ich mir selbst nicht. Aber die Bilder und Gefühle waren so deutlich!
Hinzufügen muss ich, dass Shabanna die einzige weibliche Katze war, die wir hatten. Alle unsere Kater waren kastriert, bis auf Chipsy, weil er noch nicht geschlechtsreif war. Der frühzeitige Kastrationstermin stand aber bereits fest.
Am nächsten Tag telefonierte ich mit meiner Mutter, die mir nach einer Weile in einem Ton, der ausdrückte, dass es ihr unangenehm ist, sagte: „Ich muss Dir noch was sagen… Chipsy war gestern auf Shabanna!" Da wusste ich, dass es auch von Erfolg gekrönt war!

Am 07.08.2005 war es soweit. Vorab baute ich eine Wurfkiste, bereitete alles für die bevorstehende Geburt vor, aber es sollte anders laufen, wie geplant.

Mitten in der Nacht wurde ich wach und spürt etwas Warmes und Nasses an meinem Bauch. Erschrocken schlug ich die Bettdecke zurück und da lag er! Arvio! Shabanna, die daneben lag, schaute mich glücklich an. Danach wurde Katze Ayperi geboren, die noch heute bei meiner Mutter lebt. Auf diesem Weg fand Arvio den Weg zu mir und ist mir genau wie Shabanna ein wertvoller Begleiter!

Prinz

Prinz ist ein Welsh Cob Wallach, der im Jahr 2010 zu mir fand. Er wird von mir freizeitmäßig western geritten. Vor allem machen wir jedoch viel Freiheitsdressur, denn dazu hat er besonders viel Lust.
Er hat einen unglaublich gutmütigen Charakter und dennoch viel Temperament. Und viel wichtiger noch, brachte er mir die Lebensfreude zurück nach einem Ereignis, was mein Leben veränderte. Er trat zum genau richtigen Zeitpunkt in mein Leben!

Hazard

Ein älterer Herr mit dem Blick eines scheuen Rehs. So könnte man seinen Anblick wohl am Besten beschreiben. Hazard hatte es nicht einfach in seinem Leben, bevor er zu der Frau kam, die ihn mir im Jahr 2006 übergab. Er ist ein holländisches Warmblut, ein Rotfuchs mit sehr schlanker Figur, viel Temperament, aber einer ebenso feinfühligen Seele. Aufgrund seiner guten Papiere sollte er, ähnlich wie sein Halbbruder, eine Karriere im hohen Turniersport machen.

Der Plan konnte aber wegen einer Verletzung nicht mehr umgesetzt werden und er war nichts mehr wert in den Augen der Menschen. Ich kann nicht sagen, dass Hazard besonders schlimme Erfahrungen mit den Menschen gemacht hat. Er wurde behandelt, wie viele Sportpferde, wo es in erster Linie um den Profit geht.

Ich weiß und will hier bewusst anmerken, dass es auch Menschen im hohen Turniersport gibt, die ihre Pferde wie ein Lebewesen behandeln und auf dessen Bedürfnisse achten.

Für Hazards sehr sensibles Gemüt war dies jedoch zu viel. Als er zu mir kam, hatte er jegliches Vertrauen in die Menschen verloren. Die seelischen Wunden machten sich auch im Außen sichtbar. Hazard leidet unter vielen chronischen Erkrankungen. Mittlerweile ist er vierundzwanzig Jahre alt und darf schon seit Jahren einfach nur Sein und tägliche Streicheleinheiten genießen.

Hela

Sie ist meine große Hundeliebe! Eine schwarze, wuschelige Hündin mit weißer Brust und weißen Pfoten, bernsteinfarbenen Augen, witzigen Ohren und verschmitzten Blick. Als Zweijährige fand sie

ihren Weg auf schicksalhafte Weise zu mir. Mehr dazu in einem anderen Kapitel!
Sie verbrachte die ersten beiden Lebensjahre in Rumänien, kam in eine Tötungsstation, wurde gerettet und von einem Tierschutzverein in ein deutsches Tierheim gebracht, wo wir uns begegnet sind.

Hela ist mir von meinen Tieren der größte Spiegel. Durch sie habe ich noch viel mehr über mich gelernt und lerne auch jetzt noch täglich dazu. Ich bin über alle Maße dankbar und glücklich, dass sie in mein Leben getreten ist!

Shabanna – meine größte Lehrerin

- Darüber, wie ich meine größte Lehrerin im Bereich der Tierkommunikation in mein Leben zog und warum offenbar schlechte Umstände im Leben, am Ende nicht so schlecht sein müssen, wie sie anfänglich erschienen. -

Nie passiert etwas umsonst, die offenbar schlechten Dinge wandeln sich im Laufe der Zeit häufig in etwas Gutes, in etwas, das Sinn ergibt und in etwas, was uns dienlich ist und uns letztendlich voran bringt. Auch wenn der Weg dorthin mitunter schmerzvoll ist. Diese Erfahrung durfte ich schon einige Male in meinem Leben machen, so auch bevor Shabanna ihren Weg zu mir fand.

Damals war ich sechszehn Jahre alt und lebte zusammen mit meiner Mutter und unseren vierbeinigen Begleitern auf dem Land. Um nachfolgende Geschichte besser verstehen zu können, muss ich ein weiteres Jahr zurückgehen. Zurück zu dem Zeitpunkt, als meine Mutter eine Woche Urlaub machte und ich alleine zu Hause die Stellung hielt.
Vier Katzen zählten damals zu unseren tierischen Begleitern. Niemals hätte meine Mutter eine weitere Katze erlaubt, doch ein inne-

res Gefühl sagte mir, dass eine schwarz-weiße Katze einziehen muss. Meine Intuition war schon immer sehr stark und war häufig, wie auch in diesem Falle, rational überhaupt nicht erklärbar. Dieses drängende Gefühl von damals kann ich auch heute mithilfe meines Verstandes nicht erklären. Jahre später sollte es erst einen Sinn ergeben.

Ich nutzte die Gunst der Stunde, die Abwesenheit meiner Mutter, um der inneren Stimme zu folgen und radelte ins Nachbardorf zu einem Bauernhof, welcher gerade einen Wurf schwarz-weißer Katzenbabies abzugeben hatte.
Einen kleinen schwarz-weißen Kater nahm ich mit, welchen ich später Figaro taufte und überraschte meine nichtsahnende Mutter mit ihm nach ihrer Rückkehr. Figaro war ein in sich gekehrter und ruhiger Kater, der fast den ganzen Tag verschlief. Er hielt sich meistens drin auf, aber ohne großen Kontakt zu uns zu suchen. Es baute sich in seinem Jahr der Anwesenheit keine richtige Bindung auf. Er fraß und schlief, genoss Streicheleinheiten Tag für Tag, bis er eines Tages plötzlich verschwunden war.

Wir suchten Figaro überall und mit allen Mitteln. Mehrere Tierkommunikatorinnen setzte ich auf den Fall an – alle übermittelten

ein völlig anderes Ergebnis. Ich begann sogar ein wenig an dem Funktionieren der Tierkommunikation zu zweifeln.
Doch am Ende machte alles einen Sinn – weshalb der Kater einzog, weshalb sich keine Bindung zu ihm aufbaute und am Ende auch sein Verschwinden, sowie die unterschiedlichen Ergebnisse der Tiergespräche mit ihm. Wenige Tage später verschwand plötzlich auch Johnny, unser treuer, gelassener Perserkater.
Vorab hatten wir noch nie eines unserer Tiere vermisst und plötzlich waren zwei Kater auf einmal weg – ein schrecklich quälendes Gefühl!

Ein paar Tage vergingen und da kam es wieder, das drängende Bauchgefühl, die starke Intuition. Mein Verstand wurde laut und dachte sich „wie schrecklich!", mit aller Macht versuchte ich das Bauchgefühl zu verdrängen. Doch das Gefühl ließ mich nicht mehr los – ich dachte, eine Siamkatze muss her.
Damals, wie heute kann ich das Gefühl nicht beschreiben. Es war ganz laut und stark vorhanden und gleichermaßen überkamen mich schreckliche Schuldgefühle. Ich wollte meine vermissten Kater nicht ersetzen oder mich über ihren Verlust hinwegtrösten und hatte Angst, dass außenstehende Menschen genau dies denken könnten. Irgendwann sprach ich es gegenüber meiner Mutter aus, die mir ihre

Zustimmung nur gab, weil wir ja plötzlich nur noch drei Katzen hatten und mich sicherlich auch trösten wollte.
So machte ich mich auf die Suche nach einer Siamkatze. Es gestaltete sich sehr schwierig, denn ich war Schülerin und hatte gerade mal hundert Euro zusammen gespart. Siamkatzen kosteten damals mindestens dreimal so viel. Sämtliche Züchter und Inserenten aus der Zeitung rief ich an und immer durfte ich kurze Zeit später entmutigt wieder auflegen.
Ich hätte damals aufgeben können, weiter sparen, eine Katze aus dem Tierheim adoptieren oder eine vom Bauernhof holen…aber es musste eine Siamkatze sein und zwar sehr zeitnah! Das wusste ich einfach. Relativ mutlos rief ich bei der letzten offenen Anzeige an. Es war keine Preisangabe vorhanden, nur die Information, dass ein zwölf Wochen altes Siam-Mädchen abzugeben sei.

Es stellte sich heraus, dass das Siam-Mädchen die Letzte aus dem Wurf war. Ich fragte nach dem Preis und bekam die Antwort „Dreihundert Euro“. Gerade wollte ich mich bedanken und auflegen, nachdem ich ihr sagte, dass ich so viel Geld leider nicht habe, als mich die Züchterin in ein Gespräch verwickelte und mich fragte, wie unsere Katzen leben. Wir plauderten eine ganze Weile und plötzlich sagte sie für mich völlig unerwartet „Okay… für zweihundert Euro würde ich sie Dir auch geben.“Ich war so perplex, dass

ich kein Ton rausbrachte und sie sagte „Oder hundertfünfzig Euro“.
Soviel hatte ich ja auch nicht und so stotterte ich ein wenig, auch weil ich mit dieser Reaktion nicht gerechnet habe, da ich wusste, dass die Nachfrage nach Siamkatzen sehr hoch war und es bestimmt genug Interessenten für das Katzenbaby gab. Am Ende hörte ich sie sagen „Für hundertzwanzig Euro gebe ich sie dir! Dann lege ich 30 selbst drauf und sage meinem Lebensgefährten, ich habe hundertfünfzig bekommen, sonst bringt er mich um…“

Ich berichtete meiner Mutter und bat sie um die restlichen zwanzig Euro, bekam das Einverständnis und wir fuhren rund hundert Kilometer in den Ort, wo sie geboren wurde und lebte. Dort angekommen kamen wir direkt in einen großen Raum. Eine erwachsene Siamesin, die Mutterkatze, lag im Körbchen rechts an der Wand. Das Siamkätzchen lag kuschelnd mit ihr zusammen in dem Korb. Es war Shabanna!

Shabanna sah mich, stand auf, streckte sich und lief schnurstracks zu mir. Es war, als würde sie sagen „Na, da bist du ja endlich!“. Ich hockte mich hin, Shabanna krabbelte auf meinen Schoß, legte sich in meinem Arm und fing an den selbigen zu putzen. Die Züchterin schaute verblüfft und bekam so die Bestätigung ihres Bauchgefühls, welches sie am Telefon überkam.

Die Wunder gingen weiter…

Wir fuhren nach Hause. Shabanna noch immer glücklich in meinem Arm. Als wir aus dem Auto stiegen und zur Wohnungstür gingen, rannte auf einmal Johnny auf uns zu! Unser vermisster Perserkater kam genau in dem Augenblick zurück!

Im Nachhinein bin ich mir sicher, dass die Umstände genau so kommen mussten. Denn wäre Johnny nur wenige Stunden vorher wieder aufgetaucht, hätte meine Mutter darauf bestanden, der Katzenzüchterin abzusagen.

Figaro blieb für immer verschwunden. Doch als einige Zeit ins Land gezogen war, kontaktierte ich nochmal drei befreundete Tierkommunikatorinnen unabhängig voneinander und diesmal war das Ergebnis einstimmig: Figaro wollte zu dem Zeitpunkt nicht gefunden werden.

Wir waren nur eine Zwischenstation für ihn, auf dem Weg zu seinem richtigen zu Hause. Seinem Bestimmungsort. Figaro hat sich eigenständig ein neues zu Hause gesucht und konnte dies erst preisgeben, als er wusste, dass wir ihn nicht mehr suchen würden. Die Antwort, dass er bei fremden Menschen lieber ist, hätte ich zum Zeitpunkt, als er frisch vermisst wurde, höchstwahrscheinlich noch nicht verstehen und akzeptieren können.

<u>**Meine Katze Shabanna hat mir dazu vermittelt:**</u>

„Die Dinge laufen nicht immer so, wie Du sie geplant hast. Du kannst zwar Pläne schmieden, aber ob sie dann auch wirklich so eintreffen, steht auf einem anderen Blatt geschrieben. Der kluge Mann baut vor, der Klügere lässt sich vom Schicksal treiben.
Letztlich hast Du Deine Handlungen in der Hand, wie schon der Name ausdrückt. Hast die Entscheidungsmöglichkeit. Doch triffst Du eine scheinbar falsche Entscheidung, so wirst Du geführt zu anderen wichtigen Lernerfahrungen. Machst quasi einen Umweg zur richtigen Entscheidung, doch die Strukturen in der Zwischenzeit gestalten sich um, um andere wertvolle Erfahrungen und Zeiten mitzunehmen, die Du sonst zu einem anderen Zeitpunkt mitgenommen hättest.“

Für mich ist das Leben mit einer Weltreise vergleichbar. Bevor es startet planen wir, was wir alles auf dieser Reise sehen, erleben und erfahren möchten.
Wir legen feste Anlaufpunkte fest und entscheiden welche Länder wir bereisen werden. Doch was wir in diesen Ländern unternehmen

und wie wir zum nächsten Land kommen, legen wir nicht fest und entscheiden wir somit frei.
So sind meiner Meinung nach auch gewisse Punkte in unserem Leben fest eingeplant und unumgänglich. Geplant von unserer Seele, bevor wir wieder auf die Welt kommen. Lernerfahrungen für das Wachstum unserer Seele.
Lernen wir die Lektion nicht begegnet sie uns wieder und wieder, oft in abgewandelter Form mit anderen Personen oder Situationen und so häufig und in ihrer Deutlichkeit steigend, bis wir sie begriffen und gemeistert haben.

Shabanna war in meinem Leben angekommen

- wieso ihr Erscheinen so wichtig war -

Shabanna entpuppte sich schnell als meine größte Tierkommunikations-Lehrerin.
Ich war sechszehn Jahre alt, als sie zu mir zog. Das Thema Tierkommunikation entdeckte ich bewusst erst wieder im Alter von fünfzehn Jahren. Mit sechszehn Jahren steckte ich noch in den Kinderschuhen, was die Tierkommunikation betraf. Ich führte sehr viele Übungsgespräche mit fremden Tieren, dessen Menschen mir dann ein Feedback gaben, ob ich mit den empfangenen Ergebnissen richtig lag oder sie womöglich meiner Fantasie entsprangen.

Mit Shabanna war alles ganz anders!
Ich konnte richtig mit ihr plaudern, in Leichtigkeit. Doch nicht nur das. Von Shabanna bekam ich die wertvollsten Hinweise zum Erlernen der Tierkommunikation. Sie gab mir Mut und Kraft in Phasen, wo ich Zweifel hegte und hinderte mich immer wieder am Aufgeben. Sie machte mir deutlich, wie mein Weg aussehen würde. Dass sie Recht behalten sollte, wusste ich erst sieben Jahre später.

Ganz erstaunlich waren für mich immer die Momente, in denen mir etwas von Außen bestätigt wurde, was ich tief im Inneren wusste, ohne sagen zu können, woher das Wissen stammte. Sei es durch die Begegnung mit Menschen oder ein Buch, was mir zufällig in die Hände fiel. Mein erstes Tierkommunikations-Seminar besuchte ich im Alter von siebzehn Jahren in Österreich...Du erinnerst Dich – zum Entstehungszeitpunkt von meinem Kater Arvio! Ich weiß noch genau, wie ich dort mit im Kreis saß und die Inhalte innerlich ganz oft abnickte und mir der Gedanke kam: „Das hat mir meine Katze auch schon gesagt!“So irre es klingen mag – dies waren mitunter die größten Geschenke, die mir meine restlichen Zweifel nahmen.

Der Glaube an sich selbst und die Zweifel

„Der Skeptizismus ist der Anfang des Glaubens."

- *Oscar Wilde*

Wenn Du zweifelst und auf einen Beweis hoffst oder sogar meinst ihn zwingend zu brauchen, wirst Du diesen selten erhalten. Oder Du brauchst ihn tatsächlich für Deine Entwicklung und er wird Dir zufallen ohne darum bitten zu müssen.

Diese Erfahrung habe ich früh im Zusammenhang mit der Tierkommunikation gemacht. Innerlich wusste ich, dass diese Möglichkeit existiert, dass es diese Art der Kommunikation tatsächlich gibt und jeder in der Lage ist diese Fähigkeit wieder zu entdecken und zu nutzen.

Doch da waren auch Zweifel in mir. Zweifel, die vom Umfeld und den Strukturen, um mich herum, gesät wurden. In der Kindheit ist unser Bewusstsein, wie ein leeres Gefäß, welches alle Ansichten und Meinungen aus dem unmittelbaren Umfeld, zum Beispiel von den Eltern, ungefiltert als Wahrheit aufnimmt.

Ob diese Ansichten der wirklich wahren Natur entsprechen spielt dabei keine Rolle. Werden wir zu einem späteren Zeitpunkt mit gegensätzlichen Ansichten konfrontiert, empfinden wir diese sofort

als unwahr und können uns damit nicht identifizieren, denn wir haben ja schon den gegenteiligen Glauben verinnerlicht, der für uns zu unserer Realität geworden ist.
Ähnlich ist es auch mit der Annahme, Tiere können nicht sprechen. Fast alle Kinder haben dies sehr früh gelernt und beigebracht bekommen.

Für Kinder ist die Fähigkeit telepathisch zu kommunizieren selbstverständlich. Genauso selbstverständlich wird diese auch genutzt, bis zu dem Moment, an dem sie merken, dass dies ja gar nicht „normal" ist. Sie erhalten keine positive Bestärkung oder bestätigende Resonanz, wenn sie den Erwachsenen zum Beispiel berichten, dass die Katze Hunger hat oder der Hund Bauchschmerzen. Solche Aussagen von Kindern werden für gewöhnlich abgewiegelt. Das Kind wird beruhigt oder schlimmer noch: es wird dafür belächelt oder ausgelacht in einer Runde von Menschen, wenn die Erwachsenen denken, wie niedlich naiv das Kind noch ist. Kinder spüren auch unterbewusst, wenn sie nicht ernst genommen werden, ohne dass Worte gesprochen werden.

So geschieht es bei den meisten Kindern, dass die Gabe verkümmert, weil sie künftig unterdrückt und übergangen wird. Sie hören einfach nicht mehr hin und verdrängen ihre besonderen Wahrneh-

mungen, die für ihr erwachsenes Umfeld scheinbar gar nicht existieren, um sich dazugehörig zu fühlen.
Die eigene Realität kreiert jeder selbst, doch wir lassen uns sehr früh in gegebene Strukturen drücken, um Anerkennung und Liebe zu erhalten. Denn früh erfährt man als Kind den Irrglauben, dass man etwas tun, sein oder haben muss, um ein Jemand zu sein oder etwas zu verdienen.

Auch ich wuchs mit der Prägung auf, dass die Kommunikation mit Tieren nur eingeschränkt möglich sei, denn auch mein Umfeld wusste es damals noch nicht besser. Generell ist noch wichtig zu erwähnen, dass wir auf niemanden böse sein sollten, der diese Glaubenssätze in uns gestreut hat, ganz gleich in welchem Lebensbereich. Denn jeder Mensch handelt zu jedem Zeitpunkt aus seinem bestem Wissen und Gewissen heraus!

Er hat es bis dato einfach noch nicht anders erfahren und kann nur weiter geben, was er selbst gelernt hat.
Vergebung ist wichtig, um für uns selbst Frieden zu schließen.
Wir sollten uns nur deutlich machen, dass wir unsere Realität jederzeit verändern und unsere ganz eigene Welt neu erschaffen können, es liegt in keiner anderen Hand, außer in Deiner!

"Was eben noch belächelt wird, ist morgen gängige Lehrmeinung."

Vielleicht beruhigt es Deinen Verstand, wenn Du Dir vorstellst, wie die Menschen wohl damals über Erfindungen dachten, die es zum damaligen Zeitpunkt noch nicht gab. Wie zum Beispiel das Internet oder Handys. Geht man etwas weiter in der Zeitgeschichte zurück: Computer oder Fernseher, oder noch weiter: dass die Erde ja eine Kugel ist und gar keine Scheibe…

All diese Dinge galten mal als unbegreiflich und für viele wohl auch für unmöglich. Heute glauben und nutzen wir diese Erfindungen gern und wie selbstverständlich. Selbst Dinge, die wir selbst kaum verstehen oder erklären können. Denken wir zum Beispiel an Radioempfang oder WLAN. Eigentlich unglaublich, dass etwas, was wir mit unseren Augen nicht erfassen können durch die Lüfte transportiert wird und an einem anderen Punkt eine Wirkung erzeugt, oder?

Hast Du jemals hinterfragt, wieso Du das Lied gerade aus Deinem Radio heraus hören kannst, obwohl Du es nur eingestellt und die gewünschte Frequenz eingestellt hast?

Oder Dir bewusst gemacht bei Öffnung des Internetbrowsers, dass es eine ziemlich schwere Vorstellung ist, dass Dir durch WLAN,

eine kabellose Verbindung, das ganze Internet weltweit zur Verfügung steht?
Nur erinnern sich viele Menschen durch die Entwicklung der Erde nicht mehr daran. Es gab sogar Menschen in meinem Umfeld, die behaupteten, dass Tiere nicht denken und fühlen können, sondern rein aus Instinkten handeln.
Diese Theorie ließ ich jedoch nie an mich heran, denn dass meine Tierfreunde denken und fühlen und mehr verstehen als viele Menschen ihnen zutrauten, das sah ich im alltäglichen Leben mit ihnen.
Jedoch vergaß ich jahrelang, dass auch ich die Tiere noch intensiver verstehen konnte. Als ich mich dann wieder bewusst mit dem Thema befasste, waren die "normalen" Gedanken der Menschen, um mich herum, aber nach wie vor präsent. Immer mal wieder kam mein Verstand und sagte mir Dinge, wie: "Ja, aber wie soll das denn funktionieren? Das geht doch gar nicht..."

Doch ich ließ mich von meinem Verstand nicht abbringen oder in die Irre führen, da mein innerliches Gefühl diesem Thema gegenüber offen war und es sich stimmig anfühlte. So machte ich mich weiter daran meine natürliche Fähigkeit wieder für mich zu entdecken und diese zu trainieren.
Meine Siamkatze Shabanna war mir, wie erwähnt, dabei die größte Lehrerin.

Ich verstand sie spielend leicht, was mit den anderen Tieren noch nicht funktionierte. Doch immer bei der Frage "Würdest Du mir bitte einen Beweis geben?" reagierte sie mit: "Nein, Du musst Vertrauen haben."
Diese Aussage befriedigte mich natürlich nicht. Mein Verstand wurde wieder laut: "Siehste! Alles Einbildung." Aber da war weiterhin auch das etwas lautere Gefühl in mir, welches sagte, dass diese Möglichkeit eben doch bestünde. Früher dachte ich, dass ich einen Beweis bräuchte, um anschließend vertrauen zu können. Heute weiß ich, dass es genau andersrum ist. Erst, wenn man sich und seinen Fähigkeiten Vertrauen schenkt, kommen die Beweise ganz von selbst. Dieses Lernthema zeigte mir auch Shabanna.

Sie lieferte mir meinen ersten handfesten Beweis in Sachen Tierkommunikation, an dem es für mich nichts zu rütteln gab. Eines Nachts lag ich im Bett und las ein Buch. Shabanna lag hinter diesem Buch auf meinem Bauch, dösend mit eingerollten Vorderpfoten. Plötzlich kam mir in den Sinn, dass ich die Tierkommunikation mal wieder üben könne. So legte ich mein Buch zur Seite und fing an lautlos und telepathisch mit Shabanna zu plaudern. Ich hatte in dem Augenblick Vertrauen zu mir und meinen Fähigkeiten und stellte sie ausnahmsweise mal nicht in Frage. Dann fragte ich Shabanna irgendwann nebenbei, ob sie mir einen Beweis geben möchte, ganz in der Erwartungshaltung die Antwort „Du musst Vertrauen haben“ zu erhalten. Doch diesmal kam von ihr ein deutliches „Ja klar!“.

Ich war überrascht und perplex und fing danach an zu überlegen, was das für ein Beweis sein könnte. Ein Miauen erschien mir schon recht unwahrscheinlich, aber auch dies hätte noch ein Zufall sein können. Ich bat Shabanna dann schlussendlich eine Vorderpfote hochzuheben. Zur Erinnerung – sie lag auf dem Bauch mit eingerollten Vorderpfoten. Bis dato hatte ich eine Katze in dieser Stellung noch nie eine Pfote heben sehen. Hinterher übrigens auch nie wieder!
Ich stellte mir die gewünschte Aktion vor meinem geistigen Auge vor und sendete es ihr. Binnen einer Sekunde schaute Shabanna mir tief in die Augen und hob die Pfote hoch! Nicht nur kurz, nein, sie hielt sie sekundenlang in der Luft und mir stockte der Atem! Ich bekam Gänsehaut am ganzen Körper und mein erster Impuls war es doch tatsächlich die Katze vom Bett zu schubsen und aus dem Zimmer zu laufen. Das tat ich natürlich nicht. Aber da sieht man mal, wie hartnäckig der Verstand und die Glaubenssätze sein können, die in der Kindheit aufgestellt worden.

Ich bedankte mich bei Shabanna und mein Verstand gab anschließend mehr Ruhe. Da kommunizierte ich nun bald seit einem Jahr mit Tieren, auch mit stimmigen Rückmeldungen der Tierhalter, wenn es um Beweisfragen ging und dennoch haute mich dieser erste so greifbare Beweis dermaßen um.
Ich muss nicht erwähnen, dass ich seitdem meine weise Beraterin noch mehr zu schätzen wusste! Zweifel haben eine große Macht in unserem Leben. Sie entstehen immer dann, wenn uns etwas begegnet, was nicht mit unseren Glaubenssätzen konform geht.

Doch was sind Glaubenssätze eigentlich genau? Glaubenssätze, Überzeugungen oder Paradigmen sind Sätze und Informationen, die für uns der Wahrheit entsprechen. Jeder Mensch hat somit jedoch seine ganz eigene Wahrheit, was dazu führt, dass jeder Mensch auch die Welt mit anderen Augen betrachtet. Die meisten Glaubenssätze haben wir uns in frühester Kindheit angeeignet.
Wir kommen ganz unbefangen auf die Welt und übernehmen in der Regel die Einstellungen und Glaubenssätze von unseren Eltern oder anderen Personen im engen Umfeld. Die Wahrheit unseres nahen Umfeldes wird somit auch erst einmal zu unserer.

Wie können wir die Zweifel besiegen?

<u>Arvio:</u>

„Besiegen können wir sie nicht. Denn Siegen setzt stets ein Kämpfen voraus und bringt das Gegenteil. Der Schlüssel liegt im Fließen lassen und loslassen."

Wenn in Dir ein Zweifel aufkommt, dann sage gedanklich „Stopp" und überdenke ihn. Zunächst mit Deinem Verstand, der Dir diesen Zweifel gebracht hat, frage Dich – ist das wirklich wahr und richtig, was ich gerade denke? Wie geht es mir mit dem Gedanken? Und dann spüre noch einmal mit dem Herzen nach, was wirklich stimmig und wahr ist.

Zweifel sind normal und weisen Dich auf alte Glaubenssätze hin, weshalb es von Zeit zu Zeit hilfreich sein kann, diese Glaubenssätze bewusst zu erkennen und umzukehren. Manche Glaubenssätze sind uns eine Zeit lang dienlich, doch wir entwickeln uns weiter und so kann sich ein eben noch hilfreicher Glaube zu einem späteren Zeitpunkt als Hindernis entpuppen.
Ein Glaubenssatz kann sein „Arbeit ist immer schwer", „Ich traue mir nur wenig zu", „Sicherheiten braucht man im Leben" und so

weiter. Da diese Glaubenssätze so prägend und hartnäckig sind, können sie uns zeitweise so stark im Weg stehen, dass sie uns bei etwas behindern, was wir neu in unser Leben lassen möchten. So kam es, dass ich 2013 das Konzept meiner Tierkommunikations-Seminare veränderte. Denn bevor ich das neue Konzept entwickelte, begegnete mir in fast jedem meiner Seminare die Situation, dass ich schon nach der Vorstellungsrunde abschätzen konnte, wer mehr und wer weniger Erfolge haben würde.

Denn oft fielen Sätze, wie „Ich glaube an die Tierkommunikation, aber ich weiß nicht, ob ich das überhaupt lernen kann“ oder „Ich bin zu verkopft“, „Es fällt mir schwer abzuschalten“ und noch viele weitere mehr.

Leider waren es genau diese Teilnehmer, die nicht so viel Erfolg hatten oder sogar gar keinen Kontakt zu einem Tier herstellen konnten.

Dies fand ich sehr schade und begab mich auf die Suche das Problem zu lösen oder besser gar nicht erst entstehen zu lassen. Nach und nach probierte ich dann an mir selbst unterschiedliche Methoden aus, die feste Glaubenssätze verändern sollen. Alle klappten jedoch nur mittelmäßig bis gar nicht an mir, so dass ich die Suche erstmal aufgab.

Durch einen Zufall – den es bekanntlich nicht gibt – stolperte ich dann über eine Methode, die bei mir wunderbar klappte und dazu schneller als gedacht. Ich wandelte diese passend auf meine Tierkommunikations-Seminare um, die seitdem viel erfolgreicher für meine Teilnehmer verlaufen.
Am ersten Tag geht es nun größtenteils um das Erkennen und Umwandeln eines für das Erlernen der Tierkommunikation hinderlichen Glaubenssatzes und erst am zweiten Tag wird eine Verbindung zum Tier hergestellt.
Auch an den dadurch veränderten Seminarergebnissen konnte ich erkennen, welch bedeutsame Rolle Glaubenssätze in unserem Leben haben.

Es gibt keine Zufälle erwähnte ich bereits. Alles, was in unser Leben tritt ist meiner Meinung nach genau das Richtige. Es kommt das Richtige zur rechten Zeit. Ein maßgebender Schlüssel dazu ist das Loslassen.
Wir müssen zunächst eine Absicht entwickeln, aber nicht krampfhaft an dieser festhalten, sondern diese im Vertrauen loslassen. Dann entwickeln sich automatisch Wege zu unserem Ziel. So wie ich zu der erfolgreichen Methode fand, um die Glaubenssätze zu verändern, als ich für mich beschloss die Suche aufzugeben.

Willst Du etwas Neues in Dein Leben ziehen, egal ob materieller oder immaterieller Natur, musst Du loslassen.
Das Loslassen ist eine der größten Aufgabe, die wir zu lernen haben auf der Erde. Viele Menschen neigen dazu ängstlich an alten und vertrauten Dingen und Umständen oder Beziehungen festzuhalten, weil sie dort wissen, was sie haben. Sich in ihrer persönlichen Komfortzone befinden.
Denn alles, was neu ist und der Verstand noch nicht einschätzen kann, betrachten die Menschen ängstlich. Die Tiere haben mich sehr deutlich auf das Thema Loslassen angestoßen und mir geholfen zu verstehen, was es wirklich bedeutet. So auch, dass loslassen und Veränderung nicht immer etwas Schlechtes sein müssen. Ganz im Gegenteil. Sie bringen uns in den Fluss des Lebens, wenn wir den Impulsen folgen und nicht krampfhaft an etwas festhalten, was uns nicht mehr voran bringt.
Die einprägsamste Erfahrung dazu passierte mir mit meiner Stute Duchess…

Vom Loslassen oder wie ein Tag mein Leben veränderte

Jeder Mensch erlebt einige Wendepunkte im Leben. Tage an denen etwas sehr einprägsames passiert, was unser bisheriges Denken auf den Kopf stellt.

Die schlimmsten, größten, schmerzhaftesten Erfahrungen, die wir machen sind gleichzeitig die größten Lernaufgaben, an denen wir schlussendlich wachsen, wenn wir uns entschließen sie zu durchlaufen und zu verstehen, anstatt an ihnen zu zerbrechen oder vor ihnen wegzulaufen.

Ich möchte ein wenig ausholen, damit Du verstehen kannst, weshalb mich dieses spezielle Erlebnis so mächtig traf. Im Jahr 2001 wurde mein großer Traum eines eigenen Pferdes Wirklichkeit. Es war eine schwarze Welsh Cob Stute namens Duchess, in die ich mich auf den ersten Blick unsterblich verliebte. Ich übertreibe nicht. Du wirst dieses Gefühl kennen, wenn es Dir schon einmal ähnlich ging, sei es von einer Begegnung mit einem Menschen oder mit einem Tier. Mir schoss sofort durch den Sinn, dass es nur dieses Pferd für mich sein konnte, sonst wollte ich keines haben. Der Weg, wie Duchess zu mir kam, war sehr verworren und reich an Hindernissen.

Ich sage mal so - es drohte nicht nur an einer Stelle nicht zu klappen, sondern gleich an vielen.
Umso glücklicher war ich dann, als sie am 1. Juni zu mir zog!

Es vergingen fast acht Jahre mit ihr. Es waren acht wundervolle, lehrreiche Jahre. Ich liebte dieses Pferd einfach abgöttisch. Verstehe mich nicht falsch – all meine tierischen Begleiter nahmen einen ganz besonderen Platz in meinem Herzen ein, doch die Beziehung zu Duchess war anders. Ich hätte alles für sie getan oder aufgegeben, wenn nötig. Damals fiel mir das Loslassen sehr schwer. Themen wie Veränderungen oder der Tod waren schwierige Vorstellungen für mich und allein bei dem Gedanken, dass Duchess eines Tages aus Altersgründen sterben würde, schossen mir bereits Tränen in die Augen. So dass ich Gedanken dieser Art schnell wieder verdrängte, in dem naiven Wunsch sie würde mindestens vierzig Jahre alt werden.

Tatsächlich wurde Duchess aber nur neunzehn Jahre alt.
In ihrem Todesjahr war ich zwanzig Jahre alt. Ich hatte viel Verantwortung zu diesem Zeitpunkt. Ich war in der Ausbildung zur Bürokauffrau und lebte alleine mit meinen tierischen Begleiter. Unter anderen mit zwei Pferden und einem Pflegepferd, welches meiner damaligen Vermieterin gehörte, die zu dem Zeitpunkt aber außer

Landes war. Auch bot ich schon nebenbei selbstständig die Tierkommunikation an, seit meinem achtzehnten Lebensjahr.
Ich möchte Dir erst den Vorfall schildern, der mein Leben umkrempelte, bevor ich das Puzzle für Dich zusammensetze, denn genauso habe ich es auch erfahren. Man kann das Leben nur rückwärts verstehen, aber muss es vorwärts leben.

An einem Freitagabend kam ich, wie immer von der Arbeit und fand kurz vor meinem damaligen zu Hause, einen großen Tumult auf der Straße vor. Es parkten Autos mit Warnblinkanlage am Straßenrand, ich sah ein Polizeiwagen, einen Krankenwagen, weiter entfernt ein Auto mit Totalschaden und für das kleine Dorf eine wahre Menschenmenge. Ein Nachbar rief mich an, als ich auf dem Heimweg war und unterrichtete mich darüber, dass meine Pferde ausgebrochen seien, mehr wusste ich zu dem Zeitpunkt noch nicht. Mit schlechtem Gefühl fuhr ich ebenfalls rechts ran, stieg aus. Ich sprach einige Menschen an, die auf der Straße standen, weil ich wissen wollte, was passiert ist, aber niemand antwortete mir. Alle starrten mich an, als wäre ich ein Geist.
So lief ich weiter die Straße hinauf und sah links im Graben das Pferd meiner Vermieterin liegen. Er wurde gerade vom Tierarzt erlöst. Ich bekam einen Schock und taumelte die Straße weiter hinauf, bis mir eine Tierärztin aus dem Ort entgegen kam und mich

darüber informierte, dass zwei Pferde vors Auto gelaufen seien. Ich betete innerlich, dass Duchess am Leben ist und lief weiter die Straße rauf und da lag sie, ebenfalls links im Graben. Ein Jäger stand vor ihr und wollte sie gerade mit einem Schuss erlösen. Außer mir, sprang ich dazwischen.
In dem Moment stand ich sehr unter Schock und mir war alles egal. Ich hätte mein ganzes Hab und Gut investiert, hätte eine Operation ihr noch helfen können.
Ich ging zu ihr und als sie mich sah, hob sie den Kopf und versuchte aufzustehen, doch es ging nicht. Ich erspare Dir hier Details über den körperlichen Zustand meiner geliebten Stute, denn mir riss es damals das Herz heraus und das Bild prägte sich für immer ein. Als ich sah, dass jede Hilfe für sie zu spät kam, schrie ich nach dem Tierarzt.

Ich kann nicht erklären warum, aber im damaligen Moment erschien mir ein Todesschuss zu würdelos. So wurde sie durch die Spritze erlöst und ich erlitt den Schock meines Lebens. Noch immer starrten mich die Menschen um mich herum an, aber niemand kam zu mir. Außer die Polizei. Jedoch nicht um mir zu helfen, sondern um meine Personalien und die der zweiten Besitzerin aufzunehmen, während ich am ganzen Körper zitternd vor ihnen stand.

Als ich nach Hilfe fragte, wurde ich von einem der Polizisten laut und deutlich darauf hingewiesen, dass dort hinten ein Krankenwagen stände, wenn ich Hilfe bräuchte…
So strauchelte ich zum Krankenwagen, der direkt einen zweiten für mich rief, während sie mich auf den Beifahrersitz setzten, von dem aus ich auf Duchess leblosen Körper schauen konnte. Es war furchtbar!

Als der zweite Krankenwagen vor Ort war, wurde ich ärztlich versorgt. Meine Gedanken kreisten jedoch nun um Hazard, mein zweites Pferd, der nicht am Unfall beteiligt war und noch irgendwo frei herum laufen musste.
Ich weiß nicht mehr wie vielen Menschen ich mitteilte, dass noch ein drittes Pferd herumläuft, aber alle wiegelten ab und sagten mir, dass sich die Polizei schon darum kümmern wird.
Das war selbst mir in meinem Schockzustand zu absurd. Die Polizisten wussten schließlich nicht, dass drei Pferde auf der Weide standen. Die Sanitäter wollten mich nicht aus dem Krankenwagen lassen, so zog ich mir die Infusion selbst heraus und machte mich auf die Suche nach meinem Wallach.

Einer der Sanitäter half mir jedoch. Er wirkte in dem Moment, wie ein Schutzengel auf mich. Er lief mir einfach nur wortlos hinterher, ließ mich machen, dabei jedoch nicht aus den Augen. Auch die Tierärztin aus dem Ort schloss sich uns an.

Wir fanden Hazard direkt vor dem Stall. Er musste zurück gelaufen sein, als die beiden anderen in Panik vor das Auto liefen. Ich versorgte ihn und bekam noch eine Behandlung vom Notarzt. Inzwischen waren auch meine Mutter und Freundin eingetroffen, die mir zur Seite standen.
An diesem Abend passierte etwas mit mir, was mich sehr lange beschäftigen sollte und das Thema Loslassen auf heftigste Weise beibrachte. Ich konnte ein paar Wochen lang nicht mehr alleine bleiben, bekam Unterstützung von Familie und Freunden. Ein paar Tage lang rührte ich kein Essen mehr an und wenn ich nachdem wenigen Schlafen aufwachte und wieder realisierte, dass das alles kein böser Traum war, fühlte ich mich wieder genauso schrecklich, wie am Unfalltag. Ich konnte nicht fassen, was passiert war.

Sicherlich gehen dir noch ein, zwei Fragen durch den Kopf, die ich an dieser Stelle nicht unbeantwortet lassen möchte, auch wenn sie für die Geschichte und die Kernessenz daraus nicht wichtig sind. Der Fahrer des Autos, das die Pferde erwischte, blieb bis auf eine kleine Blessur an der Hand, unverletzt und die Pferde brachen in

Panik aus der Weide aus. Die Stromlitzen waren durchgerissen, vermutlich weil in dieser Nacht Treibjagd war, wie ich später erfuhr.

Nachdem ich wochenlang getrauert hatte, kam eine Phase der Wut. Da war diese brennende Frage nach dem Warum in mir. Warum ausgerechnet Duchess? Warum jetzt und warum auf diese grauenvolle Art und Weise? Ich verlor langsam aber sicher meinen Glauben an alles. Nachdem auch diese Phase überstanden war, wurde ich innerlich still. Es war ein gefühlsneutraler Zustand, der nach ein paar Monaten eintrat.

Ich lernte jedoch schnell mich zusammen zu reißen, denn nach einiger Zeit war das Thema für mein Umfeld nicht mehr präsent, man ging dem Alltag nach und ich passte mich an, aber innerlich war ich eine Andere.

Ich verlor an diesem Tag jegliche Lebensfreude, sogar auch alle andere Formen von Gefühlen. Wenn ich es jetzt so niederschreibe, kann ich mir kaum vorstellen, dass es mir einmal so ging, aber es war so, anderthalb Jahre lang. Was noch eine kurze Zeit ist, wenn ich bedenke, dass ich nach etwa einem halben Jahr dachte, dass ich nie mehr so werden würde, wie vorher.

Es passierten in diesen anderthalb Jahren positive Dinge, über die ich mich zuvor noch riesig gefreut hätte, aber es passierten auch ärgerliche Dinge. Doch ich nahm all diese Veränderungen mit einem innerlichen Schulterzucken zur Kenntnis. So etwas wie Freude, Wut, Traurigkeit und alle anderen Gefühlsformen konnte ich nicht mehr fühlen. Ich funktionierte und existierte, aber lebte nicht mehr. Das klingt ja alles grauenvoll, magst du jetzt sicherlich denken – und oh ja, das war es auch. Und doch bin ich heute dankbar für diese Erfahrung!

Du kannst Dir sicher vorstellen, dass ich mir noch vor ein paar Jahren nie hätte vorstellen können, dass ich einmal dankbar für diese Erfahrung sein werde. Ich gehe sogar weiter und sage, dass ich nicht mehr zurück tauschen wollen würde. Duchess Leben gegen all das, was mir dadurch geschenkt wurde. Lass mich erklären, falls es für Dich noch befremdlich klingt…

Denn wie ich schon schrieb, kann man das Leben nur rückwärts verstehen. So auch dieses einschneidende Erlebnis und jedes kleine Stück in diesem Puzzle machte als großes Ganzes erst einen Sinn! Nichts, aber auch gar nichts in unseren Leben geschieht umsonst. Alles hat einen Sinn und ist für etwas gut, daher begleitet mich auch der Satz „Ob Glück oder Pech, wer weiß das schon!".

Am Meisten belastete mich die große Frage nach dem „Warum?", ich konnte es einfach nicht verstehen. Meine Antwort auf diese

Frage kam – sie kam etwa anderthalb Jahre später und über viele Wege zu mir.
Als der Unfall passierte waren einige Engel auf Erden um mich herum, die mir in dieser schweren Zeit halfen. Menschen, die mich unterstützten und mir das Gefühl gaben nicht alleine zu sein.

Die Vorbesitzerin des Pferdes meiner damaligen Vermieterin, welches ebenfalls bei dem Unfall ums Leben kam, kannte ich vorher noch nicht. Sie sollte jedoch noch eine wichtige Rolle für mich spielen. Auch für sie war es ein Schock zu erfahren, dass ihr ehemaliges Pferd so schrecklich ums Leben kam.

Am Tag nach dem Unfall wartete Hazard, mein Wallach, der als einziger der kleinen Herde überlebte, im Stall auf mich. Ich musste ihn versorgen, aber ich traute mich kaum in den Stall zu gehen und zwei leere Boxen vorzufinden. Gemeinsam mit meiner Mutter ging ich in den Stall und brach erneut zusammen. Da kam eine Frau um die Ecke, die ich zuvor noch nie gesehen hatte. Sie war eine Freundin der Vorbesitzerin des anderen Pferdes und kam mit Tränen in den Augen zu mir und nahm mich in den Arm. Sie rief sofort ihre Freundin an und meinte, dass sie mit mir sprechen möchte. An das Gespräch erinnere ich mich nicht mehr genau, nur ein Satz hat sich eingebrannt: „Egal wer übrig geblieben ist, bring ihn her!“.

Sie half mir beim Transport und Hazard kam auf einen Hof, der etwa fünf Kilometer von meinem zu Hause entfernt lag. Ich weiß noch, welcher Gedanke mich überkam, als ich das erste Mal auf den Hof kam: "Wie schön! So würde ich auch gerne leben!"

An dieser Stelle muss ich wieder ein paar Zeitsprünge machen, denn es dauerte nicht allzu lange, dass Hazard wieder bei mir stand, gemeinsam mit einem Traum, den ich mir erfüllt hatte. Ich kaufte mir kopfgesteuert eine Painthorse-Stute. Damals hatte ich so etwas, wie ein Bauchgefühl nicht mehr. Es war bestimmt noch da, aber sehr verschüttet und durch den Unfall wurde stark an meinem Glauben gerüttelt, weshalb ich mich für eine Zeit lang wieder mehr auf meinen Verstand verließ.
Diese Stute war eine lehrreiche Erfahrung für mich, dass man keine wichtigen Entscheidungen rein mit dem Kopf fällen sollte. Es musste noch einige mehr Erfahrungen in diese Richtung geben, bevor ich endlich verstand, aber dies gehört zu einem anderen Kapitel!

Die Stute war da und ich hatte große Probleme mit ihr. Nach gerade mal zwei Wochen brach sie mir die Rippe und ich lag kurz mit inneren Blutungen im Krankenhaus.

Wie es der Zu-Fall wollte, arbeitete die Frau, wo Hazard auf dem Hof stand, mit sogenannten Problempferden und ich bat sie um Hilfe.

Dadurch entstand ein engerer Kontakt. Wir hatten dadurch die Möglichkeit uns regelmäßig auszutauschen. Nicht viel später erzählte sie mir, dass sie nach dreizehn Jahren in ihrer Wohnung, auf dem Hof, zu ihrem Lebensgefährten und heutigem Ehemann zieht und fragte mich, ob ihre Wohnung nichts für mich wäre. Mein Kopf war mir sehr im Weg. Du erinnerst Dich – zu diesem Zeitpunkt war ich eher kopfgesteuert, besonders nach dem Unfall erschien mir alles zu viel. Ich war froh, wenn ich den Alltag bewältigt bekam.
Es kamen noch ein paar glückliche Fügungen zusammen, so dass ich den Umzug bewältigen konnte. Auch das Loslassen meiner alten Wohnung fiel mir enorm schwer, fühlte ich mich doch eigentlich sehr wohl dort und ich war ja auch nicht auf der Suche nach etwas Neuem. Doch ich entschied mich schlussendlich in die neue Wohnung zu ziehen und bereute es keinen Tag lang.

Die Painthorse-Stute zog mit und sollte noch ein Jahr bei mir bleiben. Es war ein Jahr harter Arbeit und Vertrauensstärkung. Ich glaubte lange, dass wenn ein Tier einmal zu mir zog, ich es für den

Rest seines Lebens bei mir behalten würde. Dieser Grundsatz ist auch immer gut und wichtig, wenn man sich entschließt einem Tier ein zu Hause zu schenken, aber manchmal sind wir auch nur wichtige Brücken, wie ich noch herausfinden sollte. Zwischen der Stute und mir stimmte von Anfang die Chemie nicht, doch gefühlstot, wie ich meinen Zustand damals einmal beschreiben möchte, fühlte ich meine Intuition nicht mehr und mein Kopf sagte mir, dass es ein gutes Pferd sei, von den Daten und Fakten her, auf die sich mein Verstand nur berufen konnte. Sie musste mich erst drei Mal ins Krankenhaus bringen, ehe ich einsah, dass es für uns keinen weiteren gemeinsamen Weg geben konnte.

Ich spielte natürlich mit offenen Karten, verkaufte sie für einen Bruchteil dessen, was ich für sie bezahlt habe und gab sie in gute Hände weiter. Hinterher sah ich, dass ich eine wichtige Zwischenstation für sie und die neue Halterin war. Denn zwischen den Beiden stimmte die Chemie sofort und sie hatten nie Probleme miteinander!

Für mich jedoch brach erneut eine Welt zusammen. Zuerst der Tod von Duchess, dann das Scheitern mit meiner neuen Stute. So kam ich zu dem Entschluss, dass ich mir ein Einstellpferd suchen wollte, welches Hazard, so lange er noch lebte, Gesellschaft leisten sollte. Ich dachte, dass die Pferdewelt für mich vorüber sei, gemeinsam mit dem Tod von Duchess. Man könnte auch anders sagen – ich ließ das Thema los – war nicht mehr besessen davon den Platz wieder zu füllen. Ich wollte Duchess nie ersetzen, aber mir einen Lichtblick verschaffen.

Rate mal was dann geschah… ich stieß zufällig auf eine Pferdeanzeige, die in mir direkt ein gutes Gefühl auslöste. Kopftechnisch war es genau das Gegenteil von dem, was ich wollte – es war keine bekannte Westernpferderasse, es war kein Schecke oder Palomino, sondern so ziemlich genau das, was mein Kopf nicht haben wollte, aber mein Herz machte einen Satz und mein Gefühl war zu gut, als dass ich es hätte ignorieren können.

Das erste Bauchgefühl nach dem der Unfall geschah!

So rief ich dort an und fuhr ein paar hundert Kilometer, um ihn mir anzusehen.

Ich sah ihn, verliebte mich und war richtig aufgeregt, ob sich seine Halterin für mich entscheiden würde, weil es viele Interessenten für ihn gab.

Aufgeregt rief ich am nächsten Tag an, nachdem wir Beide eine Nacht darüber geschlafen hatten. Ich teilte ihr mit, dass ich ihn gerne zu mir nehmen würde und sie stimmte zu. Das erste Mal nach anderthalb Jahren waren wieder richtige Gefühle da! Zuerst das gute Bauchgefühl, dann die Aufregung und zu guter Letzt hüpfte ich glücklich die Treppe hinunter, tanzte durch die Wohnung, sah mich dabei im Vorbeilaufen im Spiegel und dachte „Da bin ich wieder!“

Mein Welsh Cob Prinz zog zu mir und mit dem Tag, erkannte ich mich immer mehr wieder, konnte plötzlich wieder Freude und Trauer empfinden, Glück und Aufregung.
Mehr noch… es passierten so wundervolle Dinge an meinem neuen Wohnort.

Erst Monate später fiel mir auf, dass ich gerade dabei war das Leben zu leben, was ich mir in meinen Träumen immer ausmalte! Es kam Dankbarkeit dazu und ich empfand es als wahren Segen. Die Begebenheiten hier nun aufzuzählen würde bei Weitem den Rahmen sprengen, ich verrate Dir aber so viel: Mein Leben war noch nie so schön! Ich habe wundervolle Menschen durch den Umzug kennen gelernt, Möglichkeiten haben sich eröffnet, ich wäre heute keine selbstständige Tierkommunikatorin und könnte nicht so vielen Menschen und Tieren helfen, was mich sehr erfüllt. All das wäre nie passiert, wäre der Unfall damals nicht ganz genau unter diesen Umständen, an diesen Tag mit diesen beiden Pferden passiert!

Als eine befreundete Tierkommunikatorin mit Prinz kommunizierte lautete eine Frage an ihn,
was seine Aufgabe bei mir ist. Seine Antwort lautete: „Ich bin bei Sarah, um ihr jeden Tag aufs Neue Lebensmut zu schenken.“ Wie passend!

So kam es, dass ich für eine der schlimmsten Erfahrungen meines Lebens eines Tages Dankbarkeit empfinden konnte. Ich verstand plötzlich das Warum und würde nun nicht mehr zurück tauschen wollen. Alles im Leben wird leichter, wenn man anfängt die spirituellen Lebensgesetze zu verstehen.
Wenn man erkennt, dass es nicht nur Schwarz und Weiss gibt, dass gut und schlecht, Wertungen sind, die oberflächlich betrachtet getroffen werden und, dass der Tod kein Ende bedeutet, sondern nur ein Übergang ist. Nur, wenn Du etwas loslässt, kann es Platz für etwas Neues machen. Nichts im Leben ist sicher, nur die Veränderung. Formen verändern sich wohin man schaut. Nichts ist endlich, aber in der Lage seine Form zu verändern. Ähnlich, wie erhitztes Wasser zu Wasserdampf wird.
Meine Geschichte zeigt, dass ich meine geliebte Stute gehen lassen musste, ohne Wut und Verzweiflung in mir, nach ihrem Tod. Nur

weil ich so lange an ihr festhielt und an der Vorstellung, dass es ungerecht sei, ging es mir so schlecht. Ich hatte meine Augen nicht für die Türen geöffnet, die sich aufgetan hatten.
Ich habe zurück geblickt und es als unfair empfunden. Erst musste Prinz in mein Leben treten, um mir nach und nach die Augen zu öffnen.
Ich empfehle Dir daher den Blick immer geradeaus zu richten. Nichts ist nur gut oder nur schlecht, es gibt auch immer eine Kehrseite der Medaille.
Manchmal müssen wir nur den Blickwinkel verändern, um diese zu erkennen.

Als ich meine alte Wohnung losließ an der ich sehr hing, bekam ich etwas viel Größeres, Wertvolleres geschenkt und als ich von der Vorstellung „Ich muss ein neues Pferd holen" los kam,
konnte das genau richtige Pferd in mein Leben finden.

Loslassen bedeutet nur die gebündelte Energie loszulassen. Energie, die sich manifestiert hat, dessen Form uns vertraut ist als Körper, Gegenstand oder auch Ort. Wir müssen diese gehen lassen, um den Weg freizumachen. Die Energie muss sich transformieren können und frei entfalten.

Es kann nur etwas Neues zu uns kommen, wenn wir etwas, und sei es nur eine Einstellung, loslassen. Wie ein Heißluftballon, der nur aufsteigen kann, wenn der Ballast abgeworfen wird. Die Menschen haben oft Angst von vertrauten Dingen Abstand zu nehmen oder verlieren sich in Trauer, weil der Verstand Angst vor dem Ungewissen hat. Dabei verschafft uns das Loslassen immer auch neue Möglichkeiten. Wir wachsen daran. Und darum sind wir letztendlich hier auf der Erde.

Meine Tiere zum Thema loslassen:

<u>Prinz:</u>

„Loslassen ist existenziell. So wichtig, wie wertvoll. Warum fällt es den Menschen immer so schwer? Es ist doch spannend immer Neues zu erblicken und zu erfahren. Es schränkt uns nicht ein. Ihr habt die Möglichkeit euer Leben von einer Sekunde auf die Nächste zu verändern, aber viele tun es nicht. Warum?

Warum verlieren sie sich in einer Endlosschleife von Arbeit, Sorge um die Vergangenheit und Zukunft und genießen nicht den Augenblick? Sind nicht hier?

Loslassen ist für viele so negativ behaftet – warum erblickt ihr es nicht einmal auch als Chance? Als Chance alles zu verändern / anders zu betrachten?

Es tut oft weh und ist mit Schmerzen verbunden, aber tuen nicht alle Geburtswege weh? Fängt nicht jedes neue Leben, jede neue wahrhafte Chance aus einem Schmerz oder anderem großen, treibenden Gefühl an?“

Arvio:

„Loslassen ist ein Prinzip, ein Konzept, welches nicht jedem obliegt. Wir müssen es erst für uns entdecken, damit es sich ganz entfalten kann. Wir haben damit ein wichtiges Werkzeug, wenn wir gelernt haben damit umzugehen. Loslassen ist nicht leicht.
Die wohl mit schwerste Disziplin, wenn wir sie beherrschen, sind wir mächtig. Nicht mächtig über Andere, sondern uns und unserem Leben gegenüber. Loslassen erleichtert unser Leben eigentlich, erschwert es nicht.
Es ist ein Umkehr-Prinzip, welches wir erst für uns entdecken müssen. Den Schleier heben und schauen was sich dahinter für uns verbirgt. Doch die grenzenlosen Dinge und Geschenke für uns sehen wir zuvor nicht. Erst, wenn wir loslassen und den Stein damit ins Rollen bringen.

Denn erst wenn der Stein rollt, wird er wichtige Dinge für uns anstoßen, weiter ins Rollen bringen, damit sie sich entfalten. Wir brauchen dann nur noch abzuwarten und hinsehen mit offenem, bewussten Blick. Aber zuerst kommst Du. Du der den Stein ins Rollen bringt, indem Du loslässt.

Wann immer Du also merkst,

dass Du an etwas festhältst, was Dir nicht gut tut, seien es Situationen, Menschen, Vorstellungen – lasse sie los!"

Loslassen ist ein Prinzip, welches jeder selbst lernen und durchleben muss. Ein Jeder macht einmal diese Erfahrung.
Zumeist schmerzhafte Erfahrungen, wie Tod oder Trennung, um zu lernen mit diesen Gefühlen umgehen zu können. Man soll im besten Falle erfahren, dass man es überlebt, diesen starken Schmerz und dass zudem etwas Besseres auf uns wartet. Dass das Loslassen uns letztendlich immer etwas Gutes oder noch Besseres in unser Leben bringt.

Niemand kann das Loslassen durch reines Lesen oder Erfahrungen anderer lernen. Es muss, wie alle Lektionen, selbst erfahren und gefühlt werden. Doch man kann probieren in einer nächsten, ähnlichen Situation anders damit umzugehen, indem Wissen darum, dass Loslassen wichtig ist und letztendlich zu mehr Fülle führt. Den Schmerz letztendlich für etwas gut sein lassen.

Loslassen ist eine Kunst, keine Gabe. Man muss es lernen. Das Prinzip verstehen und dann lernen, es auch anzuwenden. Manchmal geht es im Leben darum kleine Dinge loszulassen und an diesen

Situationen sollten wir üben und sie uns zu Eigen machen. Wir können zum Beispiel anfangen die Schränke auszumisten, uns von altem Ballast befreien. Wozu an etwas festhalten, was wir schon seit über einem Jahr nicht mehr in Gebrauch hatten? Mit dem Festhalten und Aufbewahren implizieren wir nur die Annahme, dass wir uns für den Fall, dass wir diesen Gegenstand tatsächlich eines Tages wieder benötigen, uns nichts Neues und Besseres leisten könnten.

Schränke ausmisten ist daher eine sehr gute, kleine Loslass-Übung. Dasselbe geht übrigens auch mit Sorgen und anderen belastenden Gedanken. Man kann sogenannte Gedankenhygiene betreiben, indem wir uns mehrfach täglich darüber bewusst werden, was wir augenblicklich denken. Sind es positive, aufbauende Gedanken: Wunderbar! Bitte fortfahren! Sind es aber eher negative, belastende Gedanken, lasse sie für diesen Augenblick ganz bewusst ziehen, halte nicht an ihnen fest und ersetze sie durch heitere Gedanken. Denke an etwas, was dich glücklich macht.

Krankheiten

Krankheiten haben vielfältige Bedeutungen. Meiner persönlichen Meinung nach, dienen sie immer als lautere Stimme unserer Seele. Erst kommt eine leise Stimme in uns auf, die uns versucht mitzuteilen, dass etwas schief läuft. Die meisten Menschen haben jedoch mittlerweile gelernt diese zu überhören oder konditionell zu übergehen.

Wird diese innere Stimme vehement überhört, muss die Seele anfangen über den Körper zu sprechen. Wenn ein Mensch im Kindesalter zum Beispiel besonders gepflegt wurde und viel Aufmerksamkeit bekam, wenn es krank war, dann wird bei diesen Menschen oft im Unterbewusstsein der Glaubenssatz gespeichert: „Wenn ich krank bin, bekomme ich viel Aufmerksamkeit und werde umsorgt".

So kann es passieren, dass sich eine Krankheit entwickelt, wenn ein Mensch sich überarbeitet hat oder einsam fühlt. Dies geschieht alles im Unterbewusstsein ohne, dass wir mitbekommen, welche wirkliche Ursache dahinter steckt.

Dieser alte Glaubenssatz arbeitet auch dann, wenn man mittlerweile erwachsen ist und womöglich noch alleine lebt oder sogar selber Kinder hat, um die man sich trotz Krankheit kümmern muss.

Doch der Zustand im Jetzt ändert nichts an dem, in der Kindheit gestreuten Glaubenssatz, der vom Körper ausgeführt wird, wenn er der Meinung ist Ruhe und Aufmerksamkeit zu benötigen. Gönnen wir uns diese Ruhe dann nicht, treten häufig noch ernstere Krankheiten auf. Alles Chancen und Wegweiser, um die wahre Ursache einer Krankheit zu erforschen und zu beheben.

Nun könnte man einwenden, dass viele Krankheiten von äußeren Einflüssen resultieren. Man bekommt die Grippe wegen bestimmten Viren, reagiert allergisch auf bestimmte Stoffe etc. Aber die Frage ist doch, warum nicht alle Menschen oder Tiere dann auf diese Einflüsse reagieren – wieso lässt der Eine sich anstecken und der Andere bleibt gesund?
Dies liegt daran, dass schon vorab ein Ungleichgewicht im Körper herrschte. Der äußere Einfluss in Form eines Virus etc.,
macht nur sichtbar, was vorher schon in uns war und gibt uns Gelegenheit das Ungleichgewicht zu erkennen und das Gleichgewicht wieder herzustellen. Einem gesunden Organismus kann nichts etwas anhaben. Gesundheit bedeutet, dass der gesamte Organismus im Gleichgewicht ist.
Körper, Geist und Seele. Die Gesundheit ist das höchste Gut. Die Zurückgewinnung ist so wichtig, wie die Erhaltung. Wir müssen hinschauen, die tiefe Ursache dahinter finden und uns nicht darauf

beschränken die Symptome zu unterdrücken. Die Schulmedizin ist ein wichtiger Part, um Zeit zu gewinnen, wenn lebenserhaltende Maßnahmen nötig sind oder das Ausmaß der Krankheit zu schwer ertragbar ist. Um aber wirkliche Gesundheit zu erlangen, müssen wir die wahre Ursache für die Disposition auf allen Ebenen erkennen und auflösen.

Krankheiten können aber auch als Schutzschild dienen. Dies zeigte mir am eindrucksvollsten einer meiner Wallache, der aufgrund vieler chronischer Erkrankungen schon seit Jahren nicht mehr geritten wird. Für sein Unterbewusstsein machen seine Krankheiten also auch noch heute einen Sinn. Manche Tiere sehen ihre Aufgabe auch darin, ihren Menschen etwas abzunehmen.

Meine Tiere über Krankheiten:

Arvio:

„Die Gesundung findet immer zuerst im Kopf statt. Wie kann sie darüber hinausgehen, wenn die Grenzen in der Tiefe unseres Verstandes sitzen und die wirkliche Heilung nicht zulässt, um bewusst zu machen, dass etwas im Argen liegt.

Erst wenn die Seele gehört und beachtet wird, kann sich die Blockade und damit die Krankheit lösen. Doch oft schauen wir nicht hin, geben auf, resignieren oder strapazieren unseren Körper, unsere Seele immer weiter, bis der Körper kollabiert.“

Hazard:

„Krankheit setzt voraus, dass etwas im Geist im Argen liegt. Schau mich an. Ich weiß, wo die Blockade liegt, doch kann und will sie nicht loslassen. Sie dient mir auch in einer Weise. Ist mein Schutzschild. Schützt mich vor Missbrauch und ich nehme anderen Lebewesen Leid ab.
Habe darin meine Bestimmung gefunden. Mein Soll, welches ich verrichte.“

Shabanna:

„In einem gesunden Körper, wohnt ein gesunder Geist. Die Krankheit kann nur überwunden und ausgeheilt werden, indem ihr euch auf euren Geist, auf euer wahres Gut beruft. Ihn anhört. Wie?
Indem ihr beginnt wieder in eure Herzen zu sehen und in die Herzen der Anderen.

Dies wieder als normale Kommunikation hernimmt. Auch für euch selbst. Euer eigenes Wohl. Geht in euer Herz, taucht ein und folgt der inneren Stimme, der Intuition, dem inneren Helfer – wie auch immer ihr es nennen mögt – hört darauf. Es bringt euch zum Ziel. Zur Gesundung von Körper & Geist."

Wie aber hört man auf die innere Stimme?

Es ist ein Prozess und wird nicht von heute auf morgen funktionieren, wenn über Jahre hinweg gelernt wurde, diese innere Stimme zu unterdrücken – wenn doch, dann gratuliere ich Dir ganz herzlich! Nichts ist unmöglich!

Für mich persönlich war es ein Prozess.
Auf die innere Stimme oder seine Intuition zu lauschen ist nicht nur in Bezug auf Krankheiten dienlich, sondern in allen Lebenslagen. Wann immer es um wichtige Entscheidungen im Leben geht oder man mit dem Verstand ratlos vor einer Situation steht. Um wieder auf die innere Stimme zu lauschen, genügt erst einmal die Absicht.

Bilde für Dich den festen Wunsch und mache dann ein festes Vorhaben daraus. Nehme Dir öfters am Tag Zeiten nur für Dich, wo Du nichts weiter tust, als in Dich zu gehen und zu atmen. Meditation ist ein wichtiger Schlüssel zu uns selbst. Ich werde im Praxisteil dieses Buches näher darauf eingehen.

Krankheiten bewegen uns dazu, zu handeln oder uns aus dem Handeln herauszubringen, wenn wir uns auf dem falschen Weg befinden, abkommen von unserer eigenen Bestimmung und dem System

anstatt dessen folgen, indem wir das tun, was uns andere Menschen vorleben, weil man es eben so macht.
Die Krankheit weckt uns auf und erinnert uns daran, warum wir auf der Erde sind. Daran welche Erfahrungen unsere Seele sammeln wollte. Krankheiten machen uns darauf aufmerksam hinzusehen und geben uns Gelegenheit etwas gegen den Missstand zu tun, um wieder auf den wahren Weg zu gelangen.

Viele neigen dazu dann dennoch weiter zu machen, aus dem Gefühl heraus, man müsse ja funktionieren. Eventuell versucht man die Krankheit zu übergehen, indem man einfach fortfährt, nichts verändert oder aber wir nehmen Medikamente ein, um die Krankheit zu unterdrücken. Was passiert dann?

Die Krankheit kehrt bald noch wesentlich stärker zurück oder aber die Symptome verlagern sich. Schulmedizin heilt nicht ganzheitlich. Sie entfernt oder unterdrückt die Symptome einer Krankheit. Missverstehe meine Worte nun bitte nicht. Die Schulmedizin ist sehr wertvoll, um uns Zeit zu schenken, um auf den wahren Missstand schauen zu können.
Sie ist lebensrettend, wenn der Weckruf plötzlich und immens über uns hereinbricht und zum Beispiel eine Operation nötig macht oder andere lebensrettende Maßnahmen. Gefährlich wird es nur dann,

wenn wir uns nur und ausschließlich auf die Schulmedizin berufen, ohne auf uns selbst, unsere Seele Acht zu geben.

Auch dazu durfte ich eine schmerzvolle, aber ebenso einprägsame Erfahrung machen. Es passierte im Jahr 2011. Bereits Ende 2010 verspürte ich den Wunsch meiner Berufung als Tierkommunikatorin nachzugehen. Dass ich diesen Weg gehen wollte, wusste ich seit meinem fünfzehnten Lebensjahr.
Zu diesem Zeitpunkt, war ich jedoch mehr als stark, vom scheinbar funktionierenden System eingenommen, wie auch von meinem Verstand geprägt.
Ich hatte eine sichere Anstellung als Abteilungsleiterin im Kundensupport eines Onlineshops. Ich hatte eine vierzig Stunden Woche und fühlte mich in der Firma, sowie meiner Position recht wohl, doch immer wieder flammte eine innere Stimme auf, die sagte „Das bin nicht ich!". Zu kündigen und meiner Bestimmung zu folgen, kam für meinen Verstand absolut nicht in Frage. Von einer sicheren Anstellung, die wohl annehmlicher war, als so manch anderer Job, die andere Menschen Tag für Tag erledigten, zu einer Selbstständigkeit als Tierkommunikatorin? Wohl kaum!

Davon zu leben schien mir zu dem Zeitpunkt schier unmöglich. Höchstens gepaart mit einem Nebenjob, doch auch der Gedanke machte meinem Verstand große Angst. Einzig und allein mein Herz und mein Bauch fingen Ende 2010 / Anfang 2011 an laut zu werden. Ich bekam immer wieder den inneren Impuls, dass es nun an der Zeit wäre, meiner Berufung zu folgen, aber handelte natürlich nicht. Gesteuert von meiner Angst und dem Verstand, der mir die Sicherheiten predigte, die ich ja augenscheinlich genoss.

So sandte mir mein Körper im Februar 2011 ein unmissverständliches Zeichen.
Eines Tages wachte ich mit unglaublichen Bauchschmerzen auf, folgte aber dennoch meiner Routine. Ich versorgte meine Tiere, machte mich fertig und fuhr zur Arbeit.
Die Schmerzen wurden auch dort nicht weniger. Im Gegenteil, sie wurden so massiv, dass ich meinen Vorgesetzten fragte, ob ich ins Krankenhaus fahren dürfte. Dort angekommen, kam schnell die Diagnose Darmverschluss, plus sofortiger Notoperation. Aus der Narkose erwacht, wusste ich sofort, dass dies ein Wink war – ein sehr großer und schmerzhafter dazu!

Die Sprache meines Körpers war, trotz meines lauten Verstandes, unmissverständlich. Mein Darm war eingeengt – genau wie ich, meine Seele, die nicht das lebte, wofür sie geboren wurde. Dennoch siegte mein Verstand nach dieser Erfahrung wieder einmal. Ich tat zwar abends und nachts viel für meine geplante Selbstständigkeit, aber kehrte Tag für Tag zurück ins Büro. Der Wink meines Körpers wurde also nicht erhört und wurde drei Monate später mit massiver Intensität wiederholt.

ches gelebt werden will. Haltet fest. Haltet den Glauben daran. Glückseligkeit wird dann zu euch finden."

Prinz:

„Glück ist kein Zustand. Glück ist eine Lebenseinstellung."

Man kennt die große Kraft der Liebe. Liebe durchbricht alle Hindernisse, alle Barrieren. Es zählt dann nur noch das Gefühl, die Sehnsucht, die gestillt werden möchte. Es scheint alles, wie im Bann.

Das Hindernis ist dann häufig nur noch der Kopf. Der Verstand, welcher uns nicht vorhandene Grenzen vorgaukelt. Plötzlich scheint alles schwer und kompliziert, teils unüberwindbar. Der Verstand spielt uns einen Streich und mahnt uns zur Vorsicht. Lieber etwas nicht probieren, auf der sicheren Seite bleiben, da weiß man, was man hat.

Am Uferrand steht ein Boot sicher, aber dazu wurde es nicht erbaut. Doch wie gelangen wir in diesen Zustand, wo alles fließt? Und der Kopf keine Barrieren mehr vorgibt?

Arvio teilte dazu mit:

„Allein durch das Fühlen. Das Fühlen ist das Einzige, was zählt. Es gaukelt uns nichts vor. Ist wahrhaft. Ihr müsst nur lernen ihm zu vertrauen. Hinzuspüren. Ihr neigt dazu schlechte Gefühle zu unterdrücken, nicht zu leben, auszuleben, doch auch sie sind dafür da. Wollen gesehen, gefühlt und wahrgenommen werden.
Wenn ihr das erkennt, könnt ihr alles erreichen. Denn das negative Gefühl, was sich vorgedrängelt hat, will aufmerksam machen auf das, was gerade wichtig ist.

Negative Gefühle treten nur dann auf, wenn ihr euer wahres Potential nicht lebt. Gegen Eurer Natur lebt. Deshalb habt ihr auch noch nie ein depressives Wildtier gesehen. Diesen Zustand gibt es nicht, wenn ihr Eurer Natur entsprechend lebt und handelt.
Es muss sich gut und frei für Euch anfühlen. Dann könnt ihr alles erreichen. Am Ende steht immer die Glückseligkeit. Der natürliche Seins-Zustand, indem ihr Eurer Bestimmung folgt. Eure Sinnhaftigkeit erkennt. Es geht einzig und allein darum zu erkennen, wer ihr wirklich seid und woher ihr kommt. Dies könnt ihr nur über das Fühlen erreichen."

Wie also können wir Krankheiten auflösen?

<u>Hazard:</u>

„Krankheiten können nicht aufgelöst werden, sie können nur losgelassen werden. Entweder erkennt ihr ihren Sinn oder eben nicht. Es wirkt zu schwer, unüberbrückbar. Loslassen hat nichts mit Verdrängung zu tun. Wir können Krankheiten nicht durch Medikamente verdrängen. Sie sind dann nicht aufgelöst, nur woanders im Körper. Machen sich woanders breit und sichtbar. Umso tiefer sie verdrängt werden, desto größer ist die Gefahr, dass sie sich auf die Organe legen.

Wir können sie auch nicht loslassen, indem wir sie an uns halten, analysieren, immer wieder gedanklich auseinander nehmen. Auch so lassen wir nicht los. Geben ihnen sogar noch zusätzliche Kraft und Bedeutung. Einzig und allein das Erkennen der Sinnhaftigkeit und Anerkennen lässt sie los. Manchmal macht es aber auch einen Sinn an Krankheiten festzuhalten. Als Schutz, als Berechtigung zu Sein, einfache

Aufgabe. Manche Seelen sind auch so groß, dass sie diese Schicksale auf sich nehmen.
Sie sind meine Bestimmung. Auch ich lerne dadurch, darf wachsen. Sehe hin. Sie haben Missstände ausgedrückt, die in meinem Leben waren. Ich lange nicht erkannt und wacker unterdrückt habe.“

Vielen Menschen und Tiere halten unbewusst an einer Krankheit fest. Immer dann, wenn keine Form der Heilung, ob im schulmedizinischen oder alternativen Bereich hilft, kann man davon ausgehen, dass die Krankheit noch einen wichtigen Nutzen für uns hat.
Dass sie uns etwas aufzeigen will, ein Thema, wo wir hinsehen müssen. So, wie sich meine Darmerkrankungen eventuell noch häufiger gezeigt hätten, hätte ich nicht endlich die Botschaft dahinter verstanden und danach gehandelt.

Manche wollen aber auch ihre Krankheit nicht loslassen. Es ist eine getroffene Entscheidung auf unbewusster Ebene. So wie Hazard seine Krankheiten aufrechterhalten wird, die dafür sorgen, dass man ihn nie wieder reiten kann und er ein möglichst freies Leben leben kann. Denn seit seine chronische Bronchitis diagnostiziert wurde, lebt er im Offenstall.

Es gibt tatsächlich auch viele Menschen, die sich unbewusst dazu entscheiden an vielen Krankheiten festzuhalten. Sie gehen gerne in die Opferrolle und werden umsorgt, haben ein Gesprächsthema und immer genug Aufmerksamkeit. Auch wenn diese Menschen dies freiwillig nie zugeben würden oder gar bewusst davon wissen!

Wie können wir unseren Tieren helfen?

Hazard:

„Indem ihr auch anerkennt, loslasst. Nicht haltet und die Energie ungewollt da schürt, wo sie nicht gebraucht wird, wenn ihr euch auf Krankheit konzentriert. Nicht auf Gesundheit."

Arvio:

„Krankheiten sind gebündelte Energien im Organismus. Blockaden im System, wenn man so will. Wenn man immer wieder verbissen hinsieht, werden sie größer und stärker. Wenn ihr sie auflösen wollt, muss eine Leichtigkeit hinein. Reine Energie, die alles ins Fließen bringt. Von Innen nach Außen."

Zum Thema Krankheiten geben einem Wildtiere auch interessante Aufschlüsse, die allein ihrer Natur und ihrem Instinkt folgen.

So durfte ich einmal mit einem Kernbeißer-Weibchen kommunizieren, welches sich kurzzeitig zur Genesung bei einer lieben Kundin befand, weil der Vogel von einer Katze verletzt wurde. Sie hatte sich an einem Auge und am Flügel verletzt.

Ganz menschlich und mit dem Verstand betrachtet, wollten meine Kundin und ich erfragen, wie es ihr körperlich geht und vor allem von ihr erfahren, was sie noch zur Genesung braucht. Immer wieder verwies mich die Kernbeißer-Dame darauf, dass sie doch auch noch gesunde Körperteile hat und sie sich einzig und allein auf deren Zustand konzentrieren würde. Ihre einzige Bitte war es, dass wir Menschen, speziell meine Kundin, in dessen Obhut sie war, es ihr gleich tut.

Ich möchte hier mit Dir einen Auszug aus der Tierkommunikation mit dem Wildvogel teilen. Die fettgedruckte Schrift ist hierbei der Teil, den ich ihr übermittelt habe. Die Kursivschrift meine Interpretation der Gefühle und Bilder, die sie mir als Antwort übermittelte:

„Kannst Du mir bitte beschreiben, was mit Deinem linken Flügel nicht in Ordnung ist? Wie fühlt sich das an? Hast Du dort Schmerzen? Ist es die Schulter? Bitte zeige, wie es sich anfühlt.
Je genauer ich das alles weiß, umso besser kann ich die passende Medizin für Dich auswählen.

Ja, es ist die Schulter. Hier spüre ich es ganz deutlich. Es fühlt sich so an, als wäre der Flügel zu stark und krampfhaft in eine Richtung gezogen worden, so dass Oben an der Schulter eine Überdehnung o.ä. stattgefunden hat. Es tut ihr besonders nach der Belastung weh. Sie hat wenig Kraft / Schwung darin sagt sie. Kann den Flügel aber bewegen.

Ruhe würde ihr hier auch gut tun. Dann zeigt sie mir jedoch, wie sie fliegt mit dem Gefühl, sie müsse üben, trainieren. Dürfe es nicht vernachlässigen und hat auch die Hoffnung so schneller zu regenerieren, indem sie sich nicht auf ihre körperlichen Defizite konzentriert, sondern auf den gesunden Zustand.

Leider hast Du auch die mittleren Schwanzfedern verloren. Ich weiß nicht, ob das die Katze war, oder ob Du schon mit der Mauser begonnen hattest.
Jedenfalls kannst Du so nicht ganz so gut steuern. Es ist aber schon besser geworden. Ich war wirklich beeindruckt, wie du gestern die Kurve geflogen bist. Das hast du ganz toll gemacht! Flugtraining ist wichtig!

Sie sendet mir hier wieder das Gefühl, dass sie nur Zeit braucht für die Regenerierung. Die beste Medizin für sie ist so zu tun, als wäre nichts gewesen. Sich auf den gesunden Zustand konzentrieren und abwarten.

Sie meint auch, dass Wildtiere Krankheiten schneller überwinden, als z.B. wir Menschen, weil sie sich auf den natürlichen, gesunden Zustand konzentrieren, während wir uns auf den Zustand der Krankheit konzentrieren."

Wir unterliegen hier auf der Welt einigen Naturgesetzen. Manche sind für uns deutlich spür- und sichtbar und nicht zu widerlegen, wie zum Beispiel die Schwerkraft. Von anderen Gesetzen wissen wiederum nicht alle Menschen und trotzdem gelten sie für alle. Ein spirituelles Gesetz ist es, dass wir die Aspekte stärken, denen wir vermehrt unsere Aufmerksamkeit schenken. Egal, ob es sich dabei für uns, um positive oder negative Dinge handelt. Das heißt jedoch nicht, dass es ausreicht sich auf den positiven Zustand, also die Gesundheit, zu konzentrieren.

Wenn Dein Tier eine schwere Krankheit hat, gehe mit ihm zum Arzt. Überlasse jedoch dem Tierarzt die Behandlung und das Gedanken machen, um die Therapie. Tue das, was notwendig ist und nutze den Rest der Zeit dafür, Dich ganz auf den Zustand der Gesundheit zu konzentrieren und wiege Dich nicht in Sorgen oder mache sämtliche Recherchen über diese Krankheit.

In der Tierkommunikation mit dem Kernbeißer kam ein weiteres interessantes Thema auf, welches ich mir Dir teilen möchte. Sicherlich kennst Du auch mindestens einen Menschen oder gehörst selbst zu ihnen, die anderen fast aufopferungsvoll helfen möchten. Sämtliches Leid an sich heranlassen und andere über sich selbst stellen, um zu helfen.

Daran gibt es auch nichts verwerfliches, aber die Kernbeißer-Dame richtete eine Botschaft an meine Kundin, die auch mich zum Nachdenken anregte. Dazu möchte ich noch einen Auszug mit Dir teilen:

„Hast Du noch eine Botschaft an Susanne?

Sie kann es mir gleich tun und den Moment leben. Sich gut fühlen, wenn es gilt sich gut zu fühlen. Abstand nehmen, wenn man das Gefühl hat, man würde neben sich stehen, sich nicht gut fühlen.
Abstand von den negativen Dingen und Konzentration auf das Positive, was noch da ist.
Es gibt immer noch was Positives. Siehst du - mein linkes Auge ist heil, wie mein rechter Flügel. Ich konzentrier mich allein darauf, um den Zustand der anderen Körperteile auch wieder zu regulieren. So funktioniert es generell im Leben. Es gibt immer auch etwas Positives.

Wende dich immer dem Licht zu, dann wirst du den Schatten nie sehen. Der Schatten wird aber immer da sein und dir auch Schutz bieten. Schatten ist nicht nur schlecht. Er bietet Schutz, Abkühlung, Abwechslung. Behütet dich sogar. Du darfst ihn Dich nur nicht übermannen lassen. Aussitzen, beharrlich sein und Dein Augenmerk auf das Positive in Dir und Deiner Außenwelt richten, um mehr zu erhalten. Das ist meine Botschaft an Susanne und an die Welt. Wann wacht ihr Menschen endlich wieder auf?

Das ist eine gute Frage. Was meinst Du, spürst Du?

Ich weiß nicht. Spüre nur, dass es an der Zeit ist. Ihr werdet die Welt ganz anders sehen, mit anderen Augen betrachten. Ihr wollt immer retten, so wie ich nun gerettet wurde – verstehe mich nicht falsch, ich bin sehr dankbar über meine Rettung und alle Möglichkeiten, aber ihr rettet nur, um eigentlich Euch zu retten.

Ihr wollt Euch selber retten. Helft, sendet Liebe aus, aber müsst dies zuerst zu Euch. So macht ihr die Welt heil. Wenn jeder sich selbst am Meisten liebt und hegt, dann braucht es keine Hilfe mehr für das Außen. Denn wenn alle heil sind, gibt es keinen Kampf mehr, kein Bedarf mehr. Jeder ist sich selbst am Nahsten. Für seine Heilung zuständig."

Ich finde, dass an diesen weisen Worten eine Menge dran ist. Natürlich sollte man anderen Menschen und Tieren helfend zur Seite stehen, wenn man die Not sieht und helfen kann. Aber man sollte sich für niemand anderen aufopfern. Bedenke immer, dass Du

Deinem Umfeld am Meisten hilfst, wenn es Dir gut geht und Du von Innen heraus strahlst.

„Sei Du selbst die Veränderung, die Du Dir wünschst für diese Welt.“

- Mahatma Ghandi

Dein Herz weiß immer, was für Dich das Richtige ist. Du musst nur den Mut finden diesem zu folgen.
Das Herz weist den Weg. Es sagt uns immer das Richtige, zeigt den richtigen und wahren Weg. Alle Wege, die wir aufgrund des Verstandes, unseres Egos fällen, führen ins Nichts. Natürlich lernen wir auch dadurch etwas, doch es erschwert unsere Reise hier auf Erden und lässt uns im Kreis, anstatt zum Ziel laufen.

Die Gefühle sind letztlich die wichtigsten Wegweiser. Du muss nur erkennen, was sich für Dich richtig und falsch anfühlt. Aber wie können wir das? Dies ist manches Mal die größte Herausforderung, wenn eine Entscheidung gefällt werden muss. Wir erkennen den richtigen Weg, indem wir uns selbst lauschen und uns selbst ernst nehmen. Viel zu oft übergehen wir unsere Gefühle. Sagen „Ich würde ja gerne, aber es geht ja nicht…“, doch die Wahrheit ist, dass es geht! Es geht immer. Mittelchen und Wege werden sich immer finden, wenn einmal die Absicht nachdem „Was“ gefallen ist.

Die Entscheidung muss fest getroffen werden und zu einer Absicht werden. Es muss nur unserer eigenen Wahrheit entsprechen, nicht der Wahrheit eines anderen. Wenn Du einen Wunsch hegst, der aber eigentlich dazu dient, es jemand anderem Recht zu machen, dann wird sich dieser höchstwahrscheinlich nicht erfüllen. Dein Verstand / Ego hat Dir dann in so einer Situation einen Streich gespielt und Dir einen Wunsch eines Anderen, als den eigenen verkauft.

Jeder lebt in seiner eigenen Welt, hat sein eigenes Uhrwerk, was ebenfalls ganz eigen läuft. Darauf müssen wir uns verlassen, auf den Motor, der uns treibt:

Unsere Gefühle. Wir müssen sie bejahend fühlen, ob es nun gute oder schlechte sind und sie ernst nehmen. Sie sind die treibenden Kräfte, die uns dorthin bringen, wo wir sein wollen. Du hast die Wahl: Gegen Dein Herz gehen und den allgemeinen Ideal entsprechen, welches je nach Nation und Kultur ganz unterschiedlich ist oder Du verfolgst Deinen ganz eigenen Weg.

Den Weg Deines Herzens, der Dich zu Deiner wahren Natur und Deinem wahren Können und Talent führt, welches Dich beleben

und erfüllen wird. Wodurch Du Deine Besonderheit in die Welt bringst und diese auf Deine Weise ein Stück weit bereicherst. Das Herz ist in dem Fall Dein Navigator, Deine Gefühle der antreibende Motor.
Nun musst Du nur noch gehen, die Schritte des Verstandes tun. Hier ist Dein Verstand gefragt und ein hilfreiches Werkzeug. Der Verstand, der schlaue Schritte weiß und planen kann. Der Rest fügt sich von selbst.

Du musst nur vertrauen und mit Deinem Verstand in Einklang kommen. Dann steht dir nichts mehr im Weg. Möglicherweise passiert es, dass sich Dir ein paar Hindernisse in den Weg stellen werden, die letztendlich dazu dienen, um Dich selbst noch einmal zu fragen „Will ich das wirklich?".
Nehme diese zur Kenntnis und überwinde sie spielend, ohne ihnen zu viel Bedeutung beizumessen und folge Deinem Herzensweg unbeirrt weiter. Ist er erst einmal bestritten, gibt es keinen Pfad mehr zurück.

Es ist vergleichbar mit dem Bestreiten eines steilen Bergpfades. Der Weg hinauf ist streckenweise leicht, aber manchmal droht links der Absturz, kleinere und größere Felsen stellen sich Dir in den Weg. Du könntest theoretisch auf halber Strecke umkehren, zurück zu

Deiner Ausgangsposition, aber der Abstieg ist noch unbequemer und schwerer, als Deine Kräfte an kritischen Stellen nochmal zu sammeln und einfach weiter bergauf zu gehen.

<u>Shabanna:</u>

„Den Herzensweg kannst immer nur DU beschreiten. Nur DU triffst die Wahl, gehst ihn selbst nur für Dich. Kannst Dich auch lenken lassen von den Anderen, aber das wird Dich nie glücklich machen. Auf lange Sicht gesehen wird es Dich nie erfüllen können und Dein Herz zum Leuchten bringen. Und dazu sind wir schließlich hier oder nicht?
Uns selbst zu entfalten, unser Licht und volles Potential zu leben. So tragen wir zur Welt bei. Zum Aufstieg der Generationen. Macht mit in Leichtigkeit!“
Wie das Mitmachen geht?

Eine bewusste Entscheidung muss her und muss dann auch gelebt werden, nachdem die Absicht getroffen wurde. Dann bringt ein Stein den nächsten ins Rollen und es wird ein Spaziergang. Mit Spitzen und Steinen im Weg, aber dieser bleibt noch immer sicht- und überschaubar.“

Die spezielle Bedeutung von Krankheiten

Jede Krankheit hat eine psychische Ursache. Zeigt uns auf, dass etwas im Ungleichgewicht liegt. Oft tritt eine Krankheit auf, wenn wir uns verstrickt oder verirrt haben. Wenn wir tief innen drin unzufrieden sind, mehr für andere, als für uns selbst leben.

An

dieser Stelle möchte ich nicht ausholen und jede Krankheitsursache genau beleuchten. Dazu gibt es andere Lektüre, richtige Wälzer sogar!

Ich möchte nur darauf aufmerksam machen, dass jede Krankheit für etwas steht und eine genaue Betrachtung verdient.

Wie die Tiere uns spiegeln

Im Leben geht es darum Selbsterkenntnis zu erlangen. Zu erfahren, wer wir wirklich sind. Wir durchlaufen dafür viele Lernerfahrungen und immer wieder werden uns gleiche Lernerfahrungen in anderen Kleidern vorgestellt, sofern wir diese bislang nicht verstanden haben. Solange, bis wir sie erfolgreich absolviert haben.

Shabanna:

„Selbsterkenntnis ist das Maß aller Dinge. Das, woran wir alles messen, erkennen können.
Uns erkennen. Erkennen, wer wir wirklich sind und was unsere Aufgabe auf Erden ist. Viele Menschen dümpeln so vor sich hin, machen ihre „Hausaufgaben“.
Aber eben nur dies, was augenscheinlich erledigt werden muss, weil die Welt es so vorgibt, das Umfeld. Die Wenigsten handeln noch aus ihrem Herzen heraus. Doch nun ist die Zeit dafür da, um zu erkennen.

Das Leben ist zum leben da, es will gelebt werden, nicht ertragen oder in einem Nebel durchlaufen. Erst wenn wir erkennen, weshalb wir wirklich hier sind, entfaltet sich eine

wahre Größe in uns, die vorher nicht spür- und sichtbar war. Früh wird anerzogen, wie man zu sein hat. Später gestaltet sich die Herausforderung heraus zu finden, wer wir wirklich sind umso mehr. Das Leben erscheint erst so richtig zu beginnen, wenn wir diesen Sinn gefunden haben.“

Um Selbsterkenntnis zu erlangen, hält uns das Leben fortwährend einen Spiegel vor. Diese Spiegel begegnen uns in Form von Menschen, denen wir begegnen, aber auch unsere Tiere spiegeln uns auf eindrucksvolle Weise.

Hast Du mehrere Tiere, so spiegelt Dir jedes Tier einen Aspekt Deines Selbst.
Derzeit begleiten mich fünf tierische Weggefährten. Sie alle haben unterschiedliche Charaktere und doch erkenne ich eine oder mehrere Seiten von mir in allen fünf wieder. Tatsächlich ist es so, dass wann immer Du etwas an einem Mensch oder Tier kritisierst und ablehnst, Du diese Eigenschaft an Dir selbst nicht magst. Das mag am Anfang irritierend sein und das Ego sofort ablehnen, aber entspricht der Wirklichkeit, wenn Du tiefer schaust und einmal nachspürst.

Genauso verhält es sich natürlich auch mit positiven Eigenschaften!

Das, was Dir an anderen gefällt und Du lobst, siehst Du ebenfalls bei Dir selbst. Auch diese Spiegel im Außen dienen Dir dazu zu erkennen, wer Du bist und wo Deine Lernfelder sind. Achte einmal bewusst darauf, wenn Du eine Eigenschaft an jemanden oder ein Verhalten an Deinem Tier bemerkst, ob Du diese Seite nicht auch bei Dir erkennst.

Ich möchte Dir ein Beispiel von mir nennen. Mein Wallach Prinz ist mein deutlicher Spiegel, wenn es um Stimmungen geht. Als ich noch im Büro arbeitete und das tat, was gegen meine innere Stimme sprach, war ich häufig gestresst und dadurch gereizt. Oft war ich nach der Arbeit im Stall und fing dann im Stillen an, mich über Prinz zu ärgern, weil er hibbelig und einfach schlecht gelaunt wirkte.

Es dauerte eine Weile, bis ich verstand, warum er so war. Ich war zu dem Zeitpunkt noch zu sehr in den Fängen meines Verstandes, als dass ich hätte sofort verstehen können, dass Prinz mir gerade meine eigene Stimmung deutlich vorhält.
Prinz zeigt diese Züge seit etwa zwei bis drei Jahren nur noch sehr selten – warum? Weil ich, seitdem ich meinem Herzen und Bauchgefühl folge, viel ausgeglichener bin.

Auch macht er äußerlich am Körper sichtbar, was gerade Thema bei mir ist. Erst vor kurzem musste ich eine wichtige Entscheidung treffen, die mir nicht leicht fiel.

Es ging mit schlaflosen Nächten einher und viel nachdenken. Sicher kannst Du Dir jetzt schon denken, dass mein Verstand mal wieder sehr aktiv war. Während dieser Zeit fing Prinz plötzlich an zu lahmen. Scheinbar grundlos. Es gab auch keine äußerlichen Hinweise darauf, wo ihn etwas schmerzen könnte, z.B. in Form von Hitzefeldern, Schwellungen oder dergleichen.
Nach wenigen Tagen fällte ich dann meine Entscheidung und das unruhige Gefühl in mir verschwand. Zeitgleich verschwand auch das Lahmen bei Prinz!
So wie ich mit meiner Entscheidung hinkte und mich schwer tat, so hinkte auch Prinz und machte das Ganze nach Außen hin sichtbar.

Auch bei meiner Hündin Hela tritt dieses Phänomen häufig auf. Zur fast selben Zeit hatte ich einen Tag lang starke Bauchschmerzen, die ich immer bekomme, wenn mich etwas nervös macht und nicht in Ruhe lässt.
Einen Tag später waren meine Bauchschmerzen verschwunden, aber dafür hatte Hela dann zwei Tage lang dieselben Symptome, wie ich zuvor.

Tiere zeigen uns mitunter auch unsere größten Lernthemen auf. Wir können davon ausgehen, dass das was uns an unserem Tier am meisten missfällt, unsere derzeitige Baustelle ist.
Aber natürlich sind die Tiere nicht nur bei uns, um unser Spiegel zu sein. Sie bringen genau wie wir, eigene Lernaufgaben mit auf die Erde, damit ihre Seelen wachsen können.

Mache einmal selbst den Test und frage Dich, welche Eigenschaften Dein Tier hat. Was Du besonders an ihm magst und was Dich eventuell stört. Dann schaue ehrlich zu Dir selbst. Es ist immer wieder spannend die Rückschlüsse zu ziehen und zu erkennen, dass die Tiere uns einen Spiegel vorhalten.
Nutze dies, erkenne die Baustelle als Hilfestellung Deines Wachstums an und ändere an Dir selbst, was Dir missfällt.
Denn erkennst Du beim Blick in den Spiegel einen Fleck in Deinem Gesicht, versuchst Du ja auch nicht den Spiegel zu reinigen und vom Fleck zu befreien, sondern wäscht Dein Gesicht.
Das Spiegelbild verändert sich so ganz automatisch!

Der Sinn des Lebens

Viele Menschen sind auf der Suche nach dem Sinn des Lebens. Dabei besteht dieser nur darin, sich ab und zu einmal fallen zu lassen und dem Leben zu vertrauen.
Wir werden immer dorthin geführt, wo wir sein sollen, um zu erfahren und zu lernen. Wenn wir nur einmal den Verstand außen vor lassen würden. Der Verstand ist ein wichtiges Werkzeug, aber steht uns auch häufig im Weg und sorgt für Leid.

Wir sind auf der Erde, um dazu zu lernen und Erfahrungen zu sammeln.
Oft ist es so, dass wenn wir eine Aufgabe nicht bewältigen, uns diese immer und immer wieder in anderer Form begegnet und zwar so lange, bis wir sie gelöst haben. Nicht selten wird diese gleiche Aufgabe, in einem anderem Kleid erscheinen. Zumeist in einer Form, in der sie immer schwieriger zu bewältigen ist, bis sie irgendwann so unangenehm geworden ist, dass wir uns gezwungen fühlen etwas zu ändern. Dieses Mal eine andere Entscheidung zu treffen, anstatt sich davon abzuwenden.

Vielleicht kennst Du es auch, dass Dir immer wieder selbe oder ähnliche Situationen begegnen oder Du immer Menschen begeg-

nest, die sich im Charakter oder in ihren Verhaltensweisen ähneln oder Du ziehst immer wieder gleiche Probleme in Dein Leben. Erlebst immer wieder ähnliche Muster in Beziehungen oder anderen Lebensbereichen.
All das weist daraufhin, was Du aktuell für Lernaufgaben hast. Der Schlüssel liegt meist darin, diese einfach zu erkennen und sich zu trauen nach dem Gefühl, der inneren Stimme, zu handeln und mal nicht nach Deinem Verstand zu gehen, der meist aus der Angst heraus agiert.

Meine Tiere haben folgende Vorstellung vom Sinn des Lebens:

Shabanna:

„Viele sind auf der Suche nach dem Sinn des Lebens. Doch diesen kann man nicht suchen und finden. Man muss ihn langsam entdecken und anfangen zu leben. Es ist etwas, was wir selbst erfahren und erleben müssen.

Er ist so groß und doch so klein. Ein Jeder sieht seine Bestimmung anderswo und hält somit das große Rad am Laufen. Auch wenn es nur die Bestimmung einer Ameise ist, einfach Ameise zu sein und nichts weiter. Eifrig zu bauen und zu

sammeln. Dann ist das ihre Bestimmung, die sie lebt ohne sie in Frage zu stellen. Bei den Menschen ist es oft anders. Die Wenigsten folgen ihrer Bestimmung aus freien Herzen, suchen nach dem Sinn des Lebens, den sie nicht finden können. Das Gesuchte nicht zum Finder kommt.

Er verliert bei der emsigen Suche den Überblick. Die Menschen haben zuhauf die Anbindung zum Großen und Ganzen verloren. Erinnern sich nicht, warum sie hier sind. Darum haben sie vergessen und können nicht so einfach und frei ihrer Bestimmung folgen, wie z.B. eine Ameise. Die größte Aufgabe des Menschen ist es daher zu erkennen, wer er wirklich ist und frei aus dem Herz heraus zu leben."

<u>Hela:</u>

„Der Sinn des Lebens besteht darin Freiheit und Selbstbestimmtheit zu leben. Sich aus dem großen Pool herauszunehmen und zu erkennen, wer wir wirklich sind, weshalb wir hier sind.
Wir sind göttliche Wesen, frei schwingend, mit allem in Einklang, mit allem verbunden. Der Sinn des Lebens besteht darin, uns selbst zu erkennen, unser volles Potential zu

entwickeln.

Mit göttlich ist gemeint, dass wir alle aus einer Quelle stammen. Manche nennen es Gott, den Ursprung, das Universum oder dergleichen. Gemeint ist immer die Quelle, der wir alle entsprungen sind.
Letztendlich sind wir ein großes Ganzes. Leben auf der Erde, die Illusion ist, wir wären alle voneinander getrennt. Wir sind spirituelle Wesen, die menschliche und tierische Erfahrungen machen. Nicht andersherum."

Prinz:

„Zuhören und gehört werden. Grenzen leben, Grenzen durchbrechen. Alles im Gleichklang erleben und abgeschieden voneinander.
Das duale Leben erleben und das multidimensionale. Das Leben in allen Facetten kennenlernen, die es uns bietet und diese sind schier unzählig. Wir müssen uns in diesen Facetten selbst entdecken.
Dafür gibt es unzählige Möglichkeiten. Wichtig ist es zu erkennen, wer wir sind im Kern und dies einzunehmen, zu akzeptieren. So lebt es sich schon wesentlich leichter."

Warum Lernaufgaben / junge & alte Seelen

Lernaufgaben werden uns gestellt, um der Seele Möglichkeiten zum Wachstum zu bieten.
Wir sind eine Seele und nehmen auf der Erde einen Körper an, um in ihm diese Lernerfahrungen zu sammeln. Umso mehr Leben wir gelebt haben und umso mehr Lernaufgaben wir gemeistert haben, desto reifer wird unsere Seele. Die Seele lebt unendlich lange, während der Körper ein vergängliches Werkzeug ist. Ich persönlich nenne diese unterschiedlichen Stufen der Seele, junge und alte Seelen.

Junge Seelen haben noch nicht viele Aufgaben gemeistert, sie gehen meist recht unbefangen an neue Sachen heran, sehr neugierig und abenteuerlustig. Meistens handeln sie auch noch frei aus dem Herzen heraus, weil sie noch nicht so viele negative Erfahrungen gesammelt haben.
Ihr tun wirkt oft beschwingt und teilweise auch naiv. Sie denken nicht viel über mögliche Konsequenzen nach.

Etwas ältere Seelen wurden meist schon mehrfach enttäuscht, sind auf die Nase gefallen und lassen sich leicht vom äußeren Umfeld beeinflussen. Sie beginnen sich Strukturen anzupassen, die schein-

bar Sicherheit und Stabilität bieten. Man begibt sich somit in eine sichere Komfortzone, wo man weiß, was man hat.
In diesem Stadium hat man feste Meinungen gebildet, von denen man nur schwer wieder abrücken mag oder kann.
Der Verstand wird in dieser Zeit besonders laut, erinnert an gemachte Erfahrungen und häufig regiert auch Angst das Handeln. Häufig ist es die Angst vor Ablehnung und Mangel in jeglicher Form.

Man lebt kaum im Moment, sondern ist entweder in Sorge, um die Zukunft oder hängt der Vergangenheit nach, weil dort positive Dinge erlebt worden, denen man nachsehnt oder schlechte Dinge, die man noch nicht verarbeitet hat.
Im nächsten Stadium der Seele erinnert man sich langsam wieder. Das tiefe Wissen, welches in der Seele schlummert, wird greifbarer. Das Gefühl flammt auf, dass es da mehr gibt und dass das nicht alles gewesen sein kann. Man fängt an seine Blickwinkel zu verändern und bekommt allein dadurch schon ein höheres Bewusstsein. Man beginnt langsam, sich wieder an sich selbst, also an die Seele in uns, zu erinnern und verändert nach und nach sein Leben.

Alte Seelen tragen dieses Wissen fest verankert in sich. Sie haben Vertrauen ins Leben entwickelt und wissen, dass auch sogenannte schlechte Situationen oder Phasen im Leben für etwas gut sein werden und letztendlich unserem Wachstum dienen. Dass es Wertungen, wie gut oder schlecht eigentlich nicht gibt, sondern alles im Leben einen Sinn hat. Sie leben im Hier und Jetzt und genießen den aktuellen Moment. Sind herzoffen und können bedingungslos Liebe aussenden und empfangen.

Alte Seelen wirken auf ihre Mitmenschen zumeist gelassen, in sich ruhend und in ihrer Mitte und strahlen dies auch aus.
Mir wird häufig die Frage gestellt, ob es denn nur alte Tierseelen gibt, weil alle Tiere im Hier und Jetzt leben.
Das stimmt jedoch so nicht. Lange Zeit war dies auch meine Vermutung, aber in den letzten Jahren als Tierkommunikatorin, habe ich immer wieder die Erfahrung gemacht, dass es ebenfalls junge, mittlere und alte Tierseelen gibt. Hier unterscheiden sich die Tiere nicht von den Menschen.

Jedoch habe ich dies bisher nur bei den Tieren erlebt, die eng mit den Menschen zusammen leben. Bisher habe ich mit keinem freilebenden Wildtier kommuniziert, welches nicht im Hier und Jetzt lebte.

Shabanna zum Thema Lernaufgaben:

„Aufgaben lehren uns etwas, bringen uns weiter, treiben uns voran. Lassen uns erkennen, wohin die Reise geht.
Sie sind da, um uns wachsen zu lassen, uns zu unserer wahren Größe zu entfalten und zu entdecken, wer wir wirklich sind. Es führt uns zur Selbsterkenntnis. Mit jedem Schritt, jeder Aufgabe ein Stück weit mehr zu uns selbst.

Junge Seelen tippeln noch ein wenig im Dunkeln, finden sich hier auf der Erde oft noch nicht so recht, bleiben oft nur eine kurze Zeit, um nur mal ins Erdenleben hinein zu schnuppern, verlieren sich oft in Süchten, als Flucht vor der Realität. Sie verstehen die Spiritualität, aber nur im Kern, nicht das große Ganze, weil sie vor nicht allzu langer Zeit aus diesem Kern kamen.
Man kann sagen, dass junge Seelen im Allgemeinen noch nicht viele Erdenerfahrungen gemacht haben. Langsam weisen sie sich in den gegebenen Strukturen ein, um dann wieder herauszufinden, zu erkennen, wer sie wirklich sind. Aus welchem Ursprung sie stammen.
Dies dauert viele Leben lang, kann sehr sehr viele Leben und Zeiten überdauern. Jeder eben solange, wie er braucht und

solange, bis er versteht. Alte Seelen hingegen haben schon viele Lernaufgaben gemeistert und verstanden. Sie wirken daher oft ruhiger und ausgeglichener, aber machen natürlich weiter ihre körperlichen Erfahrungen. Tiere, als auch Menschen.“

Prinz:

„Lebensaufgaben sind dazu da, gelebt und gemeistert zu werden. Mit offenen Augen geradeaus zu. Nicht den Blick abwenden oder sich verschließen.

Sonst sei gewiss kehrt die Aufgabe zurück, irgendwann in einer so starken Intensität, dass du sie einfach nicht mehr ignorieren kannst. Meisterst du sie jedoch, fühlst du dich anschließend großartig, gestärkt und näher bei dir selbst. Du empfindest eine Erleichterung und wirst gleichzeitig belohnt.“

Tierkommunikation mit jungen und alten Seelen

Es ist manches Mal nicht ganz leicht eine sehr junge Seele von einer alten zu unterscheiden. Denn beide haben ein weit geöffnetes Herz und eine leichte Art an sich, strahlen nach außen hin Ruhe aus.

So durfte ich zum Beispiel einmal mit einem Pferd kommunizieren, welches jung verstorben ist und deren Halterin den Tod nur schwer verkraften konnte. Das Pferd wirkte im ersten Moment sehr weise auf mich, so ruhig und herzlich. Im Laufe der Kommunikation spürte ich jedoch, dass es sich um eine ganz junge Seele handeln musste, dem letztendlich auch so war.

Diese Seele war das erste Mal auf der Erde, weil es wichtig war, dass es seinem Menschen einmal kurz begegnet und ins Leben hineinschnuppert.

Es hatte auch nicht realisiert, dass es gestorben war. Schilderte mir seinen Tod, war überrascht, dass auf einmal die Schmerzen weg waren und alles so leicht. Es stand auf und ging auf die Weide zurück, doch seltsam war dem Pferd, dass die gewohnte Routine ausblieb.

Ich erklärte ihm, was passiert war und was es nun zu tun hätte – ins Licht gehen. Die Kommunikation war sehr ausführlich und das Pferd am Ende bereit mich beim Übergang helfen zu lassen. So begleitete ich das Pferd bis zum Licht, sah es noch im gestreckten Galopp, ganz leicht und beschwingt davon rennen.
Diese Momente bereiten mir übrigens noch immer jedes Mal eine ordentliche Gänsehaut! Ich fühle mich dabei sehr ehrfürchtig und spüre das große Glücksempfinden der Seele.
Bei der Halterin änderte sich auch etwas nachdem das Pferd im Licht war. Der Schmerz wurde erträglicher und langsam leichter, weil sie die Anwesenheit vorher auch noch spüren konnte.

Dann gibt es aber auch die anderen jungen Seelen, denen man sofort anspürt, dass sie in diesem Stadium sind. Es sind meistens Tiere, die sehr im Hier und Jetzt leben und sich auf die oberflächlichen Dinge und Themen beschränken – passt das Futter, der Schlafplatz, die Beschäftigung.

Die Kommunikation mit alten Tierseelen gestaltet sich sehr unterschiedlich und ausführlich. Oft sind diese Art von Tiergesprächen auch für mich sehr lehrreich mit vielen Aha-Erlebnissen.

Diese Tiere haben sehr weise Mitteilungen und Botschaften an ihre Menschen. Wissen ganz genau, warum sie bei einem Menschen sind oder eine bestimmte Krankheit haben. Wohingegen jüngere Seelen von Krankheiten sehr beeindruckt, überrascht und teilweise überfordert sind.

Alte Tierseelen machen den Anschein in sich zu ruhen. Sie lassen sich so schnell nicht aus der Ruhe bringen und sind sehr nachsichtig.

Der Tod – ein Ende oder neuer Anfang?

Das Thema „Tod“ ist den Menschen seit jeher ein Mysterium, viele fürchten ihn und es gibt viele verschiedene Glauben dazu. Manch einer sagt, dass nach dem Tod einfach nichts mehr kommt, andere glauben an das Paradies, wieder andere an die Wiedergeburt.

Was aber ist nun wahr? Für mich persönlich ist an allem ein Funken Wahrheit dran. Ich kann nur wiedergeben, was ich selbst und von den Tieren und vielen Situationen erfahren habe.
Als Kind glaubte ich bereits an die Wiedergeburt, merkte jedoch schnell, dass ich damit scheinbar alleine war, was mein Umfeld betraf.

Ich hörte mir die unterschiedlichen Theorien darüber, was nach dem Tod passiert an, aber diese Varianten fühlten sich alle für mich nicht stimmig an. Als ich im Alter von fünfzehn Jahren das erste Mal wieder bewusst mit der Tierkommunikation in Berührung kam, wurde ich zugleich mit dem Thema Wiedergeburt konfrontiert.

Ich weiß noch, dass ich es damals kaum glauben konnte – da schrieben Menschen auf diversen Plattformen im Internet genau das, was ich schon immer fühlte und glaubte ohne, dass ich es von woanders gehört oder aufgeschnappt hatte.

Auch fielen mir Bücher in die Hände, wo tatsächlich schwarz auf weiß gedruckt stand, was ich als Kind schon immer vermutete! Es war für mich wie eine Bestätigung, ich bekam Gänschaut und mein Herz raste – so geht es mir übrigens auch heute noch, wenn ich erfahre, dass meine Intuition richtig lag.

Doch beim Lesen über Wiedergeburt blieb es nicht.
Das Leben schickte mir direkt einen greifbaren Beweis und das in einer Phase, wo ich überhaupt nicht damit rechnete und die lieben Zweifel waren ja auch nach wie vor noch meine Begleiter.

Du erinnerst dich noch an meine wertvolle Begleiterin Shabanna? Nun, wie sich herausstellte begleitete sie mich schon mal in anderer Gestalt – was zugegeben ganz schön abgefahren klingen mag, sofern man nicht selbst schon mal eine solche Erfahrung gemacht hat! Aber lass mich berichten…

Als ich fünf Jahre alt war zog ein Kater namens Nelly bei uns ein. Es war das erste Tier zu dem ich eine sehr starke Bindung aufbaute. Wir verstanden uns blind und ich liebte ihn sehr. Umso schlimmer traf es mich, als er sieben Jahre später, während einer Operation starb, die ihm eigentlich das Leben retten sollte. Der Schmerz über seinen Verlust war so stark, dass ich alle Bilder wegstellte und versuchte seinen Tod zu verdrängen. Auch Jahre später versetzte es mir noch einen Stich im Herz, wenn mir ein Foto von ihm in die Hände fiel.

Jetzt machen wir einen Zeitsprung. Und zwar zu dem Moment, als die beiden Kater Figaro und Johnny verschwanden und ich den dringenden Wunsch verspürte eine Siamkatze nach Hause zu holen

Nelly war zu dem Zeitpunkt schon vier Jahre Tod und dieser - so glaubte ich - mittlerweile überwunden. Doch fast zeitgleich mit Shabannas Einzug, musste ich intensiv an Nelly denken. Dann fing ich auch noch an von ihm zu träumen.
Die Träume waren sehr intensiv und an zwei von ihnen erinnere ich mich noch besonders gut:
Im ersten Traum saß ich am Küchentisch und Nelly saß direkt vor mir. Er blickte mir tief in die Augen und sprach zu mir ohne die Lippen zu bewegen, aber ich verstand ihn sehr deutlich. Er sagte zu mir: „Ich werde Dich immer begleiten."

Im zweiten Traum war alles, wie in meinem echten Leben. Ich träumte, dass ich morgens wach wurde in meinem Bett, in meinem Zimmer und unsere damals fünf Katzen liefen zu mir, um mich zu begrüßen.
Shabanna war nicht dabei, aber Nelly. Er lief wie selbstverständlich inmitten der anderen Katzen und wartete, dass ich aufstand. Als ich dann real aufwachte, musste ich mich kurz sammeln und wusste für einen Moment nicht mehr, was Traum und Realität war, weil sich alles so echt anfühlte.
Ich brauchte einen Moment um zu realisieren, dass Nelly schon seit Jahren nicht mehr am Leben war.
Das alles brachte ich zuerst überhaupt nicht mit Shabanna in Verbindung. Ich wunderte mich nur und dachte, dass ich seinen Tod doch noch nicht überwunden habe nach all der Zeit. Weil mich der Gedanke an Nelly nicht losließ, wendete ich mich an Gleichgesinnte, die ebenfalls die Tierkommunikation erlernten. Ich berichtete, dass ich den Tod meines Katers noch immer nicht überwunden habe und fragte, was ich tun könnte.

Jedoch kamen Antworten, auf die ich nie gekommen wäre. Zuerst wurde mir die Frage gestellt, ob eventuell vor kurzem ein neues Tier eingezogen ist oder ich vor habe eines zu mir zu holen. Da bekam ich mit mal eine riesige Gänsehaut und musste direkt auf

Shabanna schauen, die wie sooft eingerollt auf meinem Schoß lag. Shabanna war seit ihrem Einzug bei uns mein Schatten und meine Mutter beschwerte sich schon immer, dass sie ja gar nicht zu ihr käme.

Genau, wie es damals mit Nelly war, der sich mich ausgesucht hatte. Es gab auch sonst einige Parallelen im Verhalten. Auf den Verdacht hin, suchte ich alte Bilder von Nelly heraus, um sie einer Tierkommunikatorin mit Erfahrung zu schicken.
Während ich Bilder von ihm auf dem Boden ausbreitete, kam Shabanna zu mir, sah sich das größte Foto lange an und schaute danach mich an und blinzelte mir zu.
Auch fiel mir auf, dass der bekannte Stich im Herzen ausblieb, wie ich ihn sonst verspürte beim Anschauen von Nellys Bildern.
So sendete ich Fotos von Shabanna und Nelly zu einer Tierkommunikatorin, die die Vermutung bestätigen konnte – Nelly war tatsächlich als Shabanna zurückgekehrt!

Sie konnte nicht nur Details aus Shabannas jetzigem Leben mitteilen, sondern auch aus dem Leben von Nelly erzählen und alles war stimmig. Es war und ist ein wundervolles Gefühl!

Nun magst Du Dich vielleicht fragen, ob alle Tiere wieder zu uns zurückkehren, nachdem sie gestorben sind. Darauf kann ich aus meiner Erfahrung mit Nein antworten. Seelen finden wieder zueinander, wenn sie noch gemeinsame Aufgaben haben. Wenn diese abgeschlossen sind, entweder noch während das Tier lebt oder nachdem es gestorben ist, trennen sich die Wege wieder.

Doch dies würdest auch Du spüren. Der Abschied würde natürlich wehtun, aber es würde sich danach abgeschlossen anfühlen und der Schmerz nicht so lange nachhallen.
Ich bin mit drei Tierseelen sehr eng verbunden, zwei davon leben derzeit bei mir. Eine dieser Tierseelen begleitet mich aktuell auf andere Weise, aus der geistigen Welt heraus – Du kannst es auch das Jenseits, den Himmel oder die Quelle nennen.

Dennoch habe ich schon mehrere Tiere, als diese Drei gehen lassen müssen. Immer ist ein Abschied mit Schmerz verbunden, auch wenn es kein wirkliches Sterben ist, sondern nur ein Abstreifen des Körpers. Aber dennoch fehlt uns der gewohnte Körper, die gewohnten Eigenschaften und das miteinander umgehen. Dieses Gefühl hatte ich auch bei jedem meiner anderen Tiere, von denen ich Abschied nehmen musste.

Aber nachdem ihr Tod verarbeitet war, fühlte es sich für mich abgeschlossen an und ich hatte nicht das Gefühl oder das Bedürfnis danach, dass sie in einem anderen Körper nochmal zu mir zurückkehren. Ganz anders, als bei den drei Tierseelen mit denen ich so stark verbunden bin.

Aber was geschieht in der Zwischenzeit? Was passiert nach dem Tod?

Auch hier kann ich nur wieder aus meinen persönlichen Erfahrungen erzählen. Bisher haben sich alle Erzählungen der Tiere in bestimmten Punkten gedeckt. Der Tod ist kein Ende. Kein wirkliches Sterben in dem Sinne, dass man sich auflöst und nichts mehr von einem übrig bleibt.

Unser Körper hat ein Ablaufdatum und wir gebrauchen ihn, um wertvolle Erfahrungen auf der Erde zu sammeln, die unserem Wachstum dienen. Manche dieser Erfahrungen oder Aufgaben mögen uns drastisch und unfair erscheinen im ersten Moment, aber alle haben für uns einen tieferen Hintergrund. Erfahrungsgemäß lernen wir am Meisten durch schwierige Situationen, die wir gemeistert haben und wachsen dadurch.

Wenn ein Körper stirbt, löst sich die Seele von ihm und geht zurück zu ihrem Ursprung. Dieser Ursprung hat sehr viele Namen – manche nennen es Gott, Universum, die Quelle, das All-Eins. Es gibt viele Namen, wähle für Dich den Namen, der sich am Besten für Dich anfühlt. Ich sage meistens, dass die Seelen zurück ins Licht gehen.

Der Ursprung ist keine Lichtjahre entfernt, wie man meinen könnte oder weit Oben im Himmel, sondern befindet sich fast in selber Höhe, wie die Erde. Nur können wir das Jenseits mit unseren physischen Sinnen nicht wahrnehmen, es hat eine viel feinere Schwingung. Ähnlich, wie wir sehr hochfrequente Töne nicht hören können, Hunde oder andere Tiere aber schon.
Es ist direkt um uns herum, aber wir nehmen es nicht wahr.

Das Jenseits ist ein Ort, den man mit unseren Worten kaum beschreiben kann.

Shabanna kennt diesen Ort sehr gut, drum lasse ich ihr hier auch gerne wieder den Vortritt…:

„Das Jenseits ist ein Ort, wo alles augenblicklich da ist. Es ist da und wieder weg. Es gibt keine Zeit und keinen Raum. Du kannst sein, wo Du willst und sein, wer Du willst. Kannst Dich sichtbar machen für Andere, aber auch unsichtbar. Alles was

in Deiner Vorstellungskraft liegt, kannst Du dir dort vorstellen und es manifestiert sich sofort.

Es ist ein Ort, entfernt von Zeit und Raum. Es gibt hier nur Licht und Positivität, keine schlechten Gedanken oder Gefühle. Alles ist Eins und fühlt sich kraftspendend an. Wir Seelen gehen hierhin zurück, um zu reflektieren. Um zu schauen, was uns die Leben auf Erden gelehrt haben.
Wir tanken neue Kraft und überlegen, was wir im nächsten Leben erfahren wollen und sammeln Energie, bevor wir eine nächste Erfahrung machen. Diese Erfahrungen machen wir stets für unser Wachstum. Auf der Erde vergessen wir meist. Dies ist auch wichtig, um alle Lernerfahrungen unbedarft machen zu können.“

Bevor eine Seele geboren wird, wird festgelegt welche Erfahrungen sie auf der Erde machen möchte. Das heißt nicht, dass das ganze Leben vorherbestimmt ist, aber gewisse Erfahrungen müssen wir erleben, um an ihnen zu wachsen.

Man kann es mit einer Weltreise vergleichen – bei einer geplanten Weltreise werden Länder und Ziele festgelegt, die besucht werden wollen. Doch was Du in diesen Ländern tust oder wie Du diese

Ziele erreichst, bleibt Dir überlassen und kannst Du frei entscheiden. Du kannst Dich auch mal kurzfristig um entscheiden und ein Land vor dem anderen besuchen, aber die festgelegten Länder bleiben dieselben.

Eine Frage, die ich an Shabanna stellte:

„Warum haben so viele Menschen Angst vor dem Tod?"

Shabanna:

„Weil sie vergessen haben. Sie sind inkarniert und haben vergessen, wo sie herkamen. Ganz früh ist das Wissen noch da, doch es verblasst immer mehr. Die Welt, in der sie leben wird immer wichtiger. Sie passen sich an und versteifen sich ganz auf die neuen Erfahrungen.
Dem Verstand macht alles Angst, was neu ist und was er nicht kennt. So hängt es auch von den Charakteren ab, ob jemand mehr oder weniger Angst vor dem Tod hat. Abenteuerlustige Menschen, die vor nichts so schnell zurück schrecken, haben häufig weniger Angst vor dem Tod, als Menschen, die die Sicherheit mögen und gerne wissen, woran sie sind.

Denn sie wissen nicht mehr, was nach dem Tod passiert. Sehen es als Ende oder große Ungewissheit und das macht ihnen Angst.“

Eine weise Seele geht ins Licht

Kissy kam zu uns, als ich gerade vierzehn Jahre alt geworden bin. Mit ihr ging ein großer Traum für mich in Erfüllung. Sie zog siebzehn Tage nach meiner Stute Duchess in mein Leben und begleitete mich ab dem Moment als treue Weggefährtin.
Sie war ein schwarzer Labrador-Mix mit sanften braunen Augen und einer ruhigen und weisen Ausstrahlung.

Für all meine Tiere fühlte ich mich verantwortlich und hatte das Gefühl alle beschützen zu müssen, nur bei Kissy war es genau andersrum. Sie kam mir immer vor, wie eine große Schwester oder zweite Mutter, die immer für mich da war.
Zum anderen wirkte sie in vielen Bereichen so menschlich. Sie hatte einen sehr menschlichen Blick und verstand jedes unserer Worte und reagierte augenblicklich darauf. Es waren keine eingeübten Tricks, sie verstand alles und führte es unmittelbar so aus, z.B. wenn wir sagten, dass sie zu einem bestimmten Menschen oder an einen bestimmten Platz gehen soll.

Die Tiere verstehen uns grundsätzlich immer, doch seltener reagieren sie sofort mit Gesten oder Handlungen, die dies bezeugen. Oft liegt es daran, dass sie in der geforderten Aufgabe keinen Sinn erkennen oder es gewohnt sind die Menschen zu überhören, weil sie durch viele kleine Schlüsselerlebnisse mitbekommen haben, dass die Menschen sie nicht oder nur begrenzt verstehen und auf sie reagieren. Dies übernehmen sie dann schnell auch als ihre eigene Angewohnheit.

Auch spürte Kissy immer, wenn es mir nicht gut ging und tat dann alles, um mich zu beruhigen oder zum Lachen zu bringen. In der Regel durch wildes Lecken durchs Gesicht – ihr Name kam ja nicht irgendwoher – oder intensives Kratzen am Arm.

An eine Situation erinnere ich mich noch besonders gut. Wir lebten damals auf einen Bauernhof in U-Form. Ich stand im damaligen Reiterstübchen und konnte von dort aus auf den Hof gucken und beobachtete Kissy, die direkt vor der Haustür saß. Sie konnte mich von ihrem Platz aus nicht sehen.
Damals war ich in einer schwierigen und schmerzhaften Situation und fing an zu weinen. In dem Moment, als ich meine Tränen nicht mehr zurückhalten konnte, sah ich, dass Kissy den Kopf ruckartig hochhob und in alle Richtungen blickte. Ich weinte lautlos, sie hätte mich nicht hören können und wusste auch nicht, dass ich mich im Reiterstübchen aufhielt.

Dennoch trabte sie zielorientiert nach rechts in den Stall und stand plötzlich neben mir und fing an wie verrückt an mir hochzuspringen, an meinem Bein zu kratzen und zu bellen. Ich hatte immer das Gefühl, als wäre sie eine Art Schutzengel auf Erden für mich. Sie begleitete mich durch viele schwierige Phasen des Lebens und schenkte mir immer neue Kraft und Trost.

Im Jahr 2011, als sich aufgrund meiner Operationen und den Schritt in die Selbstständigkeit so vieles für mich veränderte, war Kissy zehn Jahre alt.
Eines Tages nach dem Aufwachen war alles anders. Kissy konnte nicht aus ihrem Körbchen aufstehen, wirkte sehr apathisch und fraß nichts. Die Diagnose des Tierarztes war ein Schock – sie hatte einen Milztumor, der über Nacht geplatzt war.
Mein Tierarzt machte mir damals große Hoffnungen und meinte, dass man operieren könne. Wenn weitere Metastasen gefunden werden, würde man Kissy nicht mehr aufwachen lassen, wenn keine weiteren Tumore gefunden werden, könne sie noch eine Weile leben und wäre gesund, so seine Aussage.
Erst später erfuhr ich, dass dies nicht ganz der Wahrheit entsprach, doch auch hier ist mir bewusst - nichts geschieht umsonst!

Ich entschied mich dazu Kissy operieren zu lassen. Danach kam das große Aufatmen – keine Metastasen! Kissy ist wieder gesund! Aufgrund des einschneidenden Erlebnisses meiner und Kissys Operationen und die gemachte Erfahrung, wie schnell das Leben vorüber gehen kann, bekam ich eine Art Torschlusspanik und dachte, ich müsse mir nun alle meine Träume erfüllen und nichts mehr aufschieben.
Schon seit Jahren träumte ich von einer Australian Shepherd Hündin. So entschied ich mich dazu mir diesen Traum endlich zu erfüllen, jetzt wo die Zeit dazu da war. Der Wunsch war kopfgesteuert, von Vornherein hatte ich ein mieses Bauchgefühl dabei, überging dieses aber. Ich war damals noch in guter Übung darin!
So suchte ich mir meinen Wunschwelpen aus. Doch zuvor ließ ich Kissy noch von einer befreundeten Tierkommunikatorin befragen, ob sie einverstanden wäre mit einem Zweithund. Ich wollte eine zweite Meinung einholen, da ich natürlich den großen Wunsch verspürte und Angst hatte, dass sich mein Wunsch über die Botschaft von Kissy legt. Kissy willigte jedoch ein und teilte mit, dass sie mich mit einem besseren Gefühl alleine lassen könne, wenn für eine Nachfolgerin gesorgt wäre.

Diesen Satz überlas ich leicht irritiert, hatte ich doch gerade die Botschaft meines Tierarztes bekommen, dass nun alles wieder in Ordnung sei.

Der Welpe zog ein und alles lief augenscheinlich wunderbar. Alles wäre gut gewesen, wäre da nicht mein schlechtes Bauchgefühl gewesen.

Heute kann ich den Kopf darüber schütteln, wenn ich bedenke, wie stark ich da schon wieder gegen mein Bauchgefühl angegangen bin. Es fühlte sich alles falsch an, über das Aussuchen des Welpens, das Abholen usw., aber mein Kopf sagte mir, ich solle meinen Wunsch verwirklichen. Für meinen Verstand war es der geeignetste Zeitpunkt dafür!

Die kleine Hündin war genau drei Tage bei uns. Es gab keine Probleme, auch Kissy kam gut mit der Situation zurecht. Jedoch schaukelte sich mein schlechtes Gefühl so hoch, dass ich sie nach drei Tagen, die mir wie Wochen vorkamen, zurück zu den Züchtern brachte.

Im Gepäck ein riesengroßes schlechtes Gewissen und den Entschluss, dass sicher kein Zweithund einziehen wird. Ich war sehr enttäuscht. Vor allem von mir selbst. Auch diese Situation scheint von diesem Standpunkt aus sinnlos zu sein und man fragt sich, warum es so kommen musste. Einen knappen Monat später hatte ich die Antwort…

Kissy sorgte dafür, dass die richtige Nachfolgerin zu mir kommt

Ich empfand ein dringendes Bedürfnis, in einem Tierheim in der Nähe, ehrenamtlich zu helfen.Da war es wieder, das unerklärbare Bauchgefühl…

Am ersten Abend bin ich hingefahren, um mit einem Hund spazieren zu gehen. An diesem Abend war meine Mutter bei mir und entschied sich spontan mitzukommen. Ich bekam einen Huskymischling zum Ausführen und meine Mutter auf Nachfrage, ob sie auch einen Hund spazieren führen will, eine schwarze Hündin mit weißen Abzeichen.

Diese schwarze Hündin gewann sofort mein Herz. Dieses Gefühl kam meinem Herz sehr bekannt vor. Es ging mir sehr ähnlich, als ich Duchess das erste Mal sah. Aber mein Kopf streikte vehement. Optisch und charakterlich war sie – ähnlich wie bei meinem Wallach Prinz - das genaue Gegenteil von dem, was mein Verstand sich ausmalte. Ich wollte einen farbenfrohen Hund, nicht wieder einen schwarzen.

Äußerlich blieb ich ruhig, innerlich begann eine große Diskussion zwischen Kopf und Herz, welche ich mit mir selbst ausmachte. Hier war es das genaue Gegenteil von dem, was ich mit dem Welpen erlebte. Mein Herz schrie förmlich „Ja!“ und mein Kopf blockierte. Mahnte mich, dass Kissy gerade frisch operiert sei. Von der Hündin wusste ich nur, dass sie geschätzte zwei Jahre alt ist und aus einer rumänischen Tötungsstation stammt. Ein noch wilder, recht junger Hund, wo ich ja gerade merkte, dass zwei Hunde nichts für mich waren…

Mein Kopf gewann die Diskussion und ich entschied mich auf dem Spaziergang innerlich gegen sie.

Als wir auf den Tierheim-Mitarbeiter warteten, der sie zurück in den Zwinger bringen sollte, sprang sie mir mit beiden Vorderpfoten an die Hüfte und sah mich mit durchdringendem Blick an, der auslöste, dass ich auch auf der Heimfahrt über sie nachgrübelte. Letztlich gewann wieder mein Verstand, der es als unvernünftig abtat. An diesen Abend nahm meine Mutter Kissy für ein Wochenende mit, da ich eine weiter entfernt wohnende Freundin für ein paar Tage besuchen wollte.

In der Nacht von Donnerstag auf Freitag rief meine Mutter mich an und sagte mir, dass es Kissy schlecht ginge, ich solle sofort herkommen.

Müde und ängstlich fuhr ich mitten in der Nacht zu meiner Mutter und fand dasselbe Bild vor, welches ich vor etwa vier Wochen schon mal sah. Kissy konnte nicht laufen, war apathisch. Wir fuhren mit ihr zum Notarzt, der uns über Milztumore und deren Folgen aufklärte. Ihre Überlebenschance lag schon vor der OP bei fast Null. Doch die Operation und die geschenkten vier Wochen sorgten dafür, dass der Welpe kam und ich danach der schwarzen Hündin im Tierheim begegnen konnte.

Am nächsten Morgen mussten wir Abschied von Kissy nehmen. Sie ging in Frieden und ließ sofort los. Als ihre Seele ins Licht ging, hallten mir plötzliche ihre Worte durch den Kopf, sie könne mich erst alleine lassen, wenn eine Nachfolgerin gefunden wäre.

So war sofort für mich klar, dass ich die schwarze Hündin aus dem Tierheim holen musste.
Ihr Name ist Hela und ich bin jeden Tag dankbar, dass sie bei mir ist! Auch dass ich meinem Bauchgefühl damals gefolgt bin und den Welpen zurück brachte, denn sonst wäre alles anders gekommen. Auch Kissy musste noch vier weitere Wochen leben, die ihr durch die Operation geschenkt worden, denn sonst wäre ich Hela nicht begegnet.
Es war eine Aneinanderreihung von Zu-Fällen, wie Hela zu mir fand oder ich zu ihr.

Sie ist mir eine große Lehrerin und mein größter Spiegel. Ich liebte sie vom ersten Moment an und es gab zu keinem Zeitpunkt den Hauch eines Zweifels, ob es die richtige Entscheidung war.

Eine wichtige Lernaufgabe hat sich in meinem Leben immer und immer wiederholt und langsam fing ich an zu begreifen und setze es seitdem bewusst in meinem Leben um. Wann immer ich ein leises Gefühl in mir habe zu einer Sache, die sich stimmig anfühlt, dann folge ich diesem. Ganz gleich, wie irrational und unlogisch es für meinen Verstand aussehen mag. Ich höre auf zu hinterfragen, wo mich der Weg hinführen wird, denn eins ist gewiss: Erstens kommt es anders und Zweitens als man denkt.
Man kann noch so viele Pläne schmieden, letztendlich kommt alles, wie es kommen soll.

Wenn man dem Herzensweg folgt und den inneren Impulsen und dazu den Verstand nicht ganz so ernst nimmt, wenn er uns vor den eventuellen Risiken warnt, erspart man sich eine Menge Leid. Ich brauchte einige solcher Erfahrungen, bis ich lernte auf mein Gefühl zu hören. Es war schon immer da, aber ich hatte mich auch selbst so konditioniert, immer wieder auf meinen Verstand zu hören, der mir Sicherheit versprach, welche letztendlich auch eine Illusion ist.

Man erspart sich generell viel Leid, wenn man seinen Gefühlen und den Weg im Leben folgt, so wie er kommt. Ganz nach dem Zitat von John Lennon: „*Leben ist das, was passiert, während du andere Pläne schmiedest.*“

Praxisteil

Gib der Zeit, Zeit…

Vorne weg möchte ich Dir die Illusion nehmen, dass Du nach den Zeilen im Praxisteil in die Welt hinaus trittst und mit allen Tieren in Leichtigkeit telepathisch kommunizieren kannst.
Du schmunzelst jetzt vielleicht, aber tatsächlich habe ich schon öfter erfahren, dass diese Vorstellung bei manchen Menschen da ist, wenn sie sich zu einem Tierkommunikations-Seminar anmelden möchten.

Was ich Dir aber nicht nehmen, sondern schenken möchte, ist der Glaube an Dich selbst und die Gewissheit, dass auch Du lernen kannst diese Art der Kommunikation zu nutzen, wenn Du bereit bist Zeit und Energie zu investieren und den festen Willen hast!

Vielen Erwachsenen fällt es schwer eine neue Sache zu erlernen, sei es eine Sprache oder ein Instrument als Beispiel.
Man probiert es ein paar Mal, es will nicht recht klappen und man gibt wieder auf, redet sich ein es nicht zu können. Hätten Kinder

diese Einstellung würde vermutlich kein Mensch laufen können, denn wie oft fällt ein Kind hin bei den ersten Gehversuchen?

Die telepathische Kommunikation macht hier keine Ausnahme. Wenn man etwas Neues erlernen möchte braucht man die feste Absicht dazu, die Geduld und die Übung. Auch wenn es nach Arbeit klingt, kann man ebenso großen Spaß daran entwickeln! Halte dir nur immer wieder Dein Ziel vor Augen!

Es gibt auch keine Anleitung, um sich telepathisch mit einem Tier zu verbinden. Die gibt es schon – aber davon kann es dann Abertausende geben und jede sieht anders aus und jetzt wirds ganz verrückt: Jede funktioniert! Aber vermutlich auch nur jeweils für ein bis zwei Menschen.

Was ich damit ausdrücken möchte ist, dass es für mich in keinem Bereich ein Schema F gibt. Jeder Mensch und jedes Tier ist unterschiedlich, lernt anders, hat andere Motivation oder Vorstellungskräfte. Bei der telepathischen Kommunikation kommt hinzu, dass bei manchen Menschen der hellsichtige Kanal weiter geöffnet ist, als der hellfühlige oder andersrum.

Jeder Mensch erlebt einen anderen Prozess beim Erlernen einer neuen Sache. Bei manchen geht es sehr schnell, bei anderen eher langsam, aber lass dich davon nicht aus der Ruhe bringen. Erzwinge nichts, sondern lass es in Deinem ganz eigenen Tempo geschehen. Oft blockieren uns auch Glaubenssätze beim Vorankommen, dies geschieht jedoch auf unterbewusster Ebene.

In meinen Seminaren, zum Erlernen der Tierkommunikation, habe ich aus diesem Grund Anfang 2013 eine Änderung vorgenommen, nachdem ich festgestellt hatte, dass das größte Hindernis beim Erlernen der Tierkommunikation im Menschen selbst liegt. Alle Teilnehmer der Seminare verspürten den starken Wunsch mit Tieren mental zu kommunizieren, doch blockierten sich unbewusst selbst durch tief verankerte Glaubenssätze. Es stand im Unbewussten immer eine Angst dahinter. Zumeist zu wenig Vertrauen in die eigenen Fähigkeiten, der Grundgedanke perfekt sein zu müssen und die Angst vorm Versagen, als Beispiel.

Meine Basiskurse zum Erlernen der Tierkommunikation haben seitdem ein neues Konzept bekommen und wir beschäftigen uns am ersten Tag des Seminares zunächst mit der Tierkommunikation in der Theorie und mit dem Finden und Auflösen hinderlicher

Glaubenssätze, so dass die Teilnehmer am zweiten Tag frei und mit Erfolg die Praxisübungen angehen können.

Wenn Du also spürst, dass Dich noch etwas hindert beim Erlernen der Tierkommunikation ist es sinnvoll sich selbst ein paar Fragen zu stellen und das Gefühl und nicht den Verstand antworten zu lassen. Frage Dich:

- Was wird von mir erwartet?
- Was erwarte ich von mir selbst?
- Wie fühlt sich die Vorstellung an mit Tieren kommunizieren zu können?
- Was blockiert und hindert mich möglicherweise daran?

Tierkommunikation – was bedeutet dieser Begriff noch genau?

Die Menschen haben gelernt Sicherheiten zu schätzen zu wissen und haben gleichzeitig Angst vor dem Ungewissen und Unbekannten entwickelt.
Alles, was für uns neu ist braucht einen Namen, damit wir besser damit umgehen können und es uns ein Stück weit die Angst vor dem Unbekannten nimmt. Tierkommunikation ist eigentlich ein sehr breit gefächerter Begriff, denn wir können uns auch via Körpersprache mit einem Tier verständigen.

Doch Tierkommunikation bezeichnet derweil die telepathische Kommunikation mit Tieren. Diese Art der Kommunikation ist jedoch mit jedem Lebewesen, viel mehr noch mit jedem geistigen Wesen möglich.
Ich halte die Telepathie für eine ganz natürliche Fähigkeit. Sie ist uns im Laufe der Zeit nur abhandengekommen, weil sie irgendwann nicht mehr genutzt wurde. Sie wurde für uns unbrauchbar und damit uninteressant.
Ähnlich, wie mit anderen Dingen, die damals von großer Bedeutung waren, aber mit der Zeit von anderen, neumodischeren Dingen ersetzt wurde, wie z.B. die Schallplatte oder Videokassette.

Oder hast du noch einen Morseapparat im Schrank?

Nein? Er wurde auch abgelöst durch neuere, bessere Erfindungen und viele von uns kennen ihn schon nicht mehr. Die nächsten Generationen, die erst noch geboren werden, werden ohne Google bald nicht mehr wissen, was es mit diesem Apparat auf sich haben soll.

Die Telepathie ist somit im Laufe der Zeit immer mehr in Vergessenheit geraten, bis sie von uns sogar zu etwas übersinnlichen oder paranormalen erklärt wurde.

Aber was bedeuten diese Wörter eigentlich, wenn man sie auseinander nimmt. Übersinnliche Phänomene werden von vielen direkt als Humbug abgetan. Es betitelt für uns Dinge, die es augenscheinlich nicht gibt und weder greif- noch messbar ist. Unsere Übersinne machen die telepathische Kommunikation für uns erst möglich. Die Sinne, die in jedem von uns schlummern und über unsere gewohnten physischen Sinne, wie z.B. das Sehen, Hören und Fühlen hinausgehen. Sie machen uns das Hellsehen, Hellhören oder Hellfühlen möglich.

Viele Menschen haben jedoch auch ein falsches Bild von Hellsehern.

Sie denken, dass es sich dabei um Menschen handelt, die in die Zukunft gucken können. Doch das ist unmöglich, denn die Zukunft ist nicht festgelegt.

Man könnte zwar erkennen, wie sich die Zukunft gestalten würde vom aktuellen Stand aus betrachtet, aber man hat zu jedem Zeitpunkt, die Möglichkeit, in der Gegenwart für eine Änderung der Zukunft zu sorgen.

Das Hellsehen, welches ich in Bezug auf die Tierkommunikation anspreche bedeutet, dass ich Bilder vom Tier empfangen kann, die ich dann vor meinem geistigen Auge sehe, wie wenn ich die Augen schließe und mir die Räume meines zu Hauses vorstelle. Das ist eine der Kommunikationsmöglichkeiten mit Tieren, da sie unsere Sprachen nicht beherrschen.

So ist es zum Beispiel möglich, dass ich Bilder eines glücklichen Hundes empfange, der mit einem Stock im Maul über eine Wiese springt, wenn ich ihn vorher gefragt habe, was er am Liebsten tut. „Para“ bedeutet „neben“ oder „gegen“ und als normal bezeichnen wir in der Regel alles was der Norm und der allgemeinen Meinung entspricht.

Es kann kaum etwas üblich sein, was über viele Jahrhunderte in Vergessenheit geraten ist, oder?

Innere Werkzeuge

Die Schwierigkeit beim Erlernen der Tierkommunikation liegt nicht darin zu wissen, wie man eine Verbindung zum Tier herstellt. Dafür würde letztendlich sogar die reine Absicht genügen.
Sondern die Fähigkeit Deine Gedanken bewusst zu steuern und auch für einen Moment abzuschalten, um frei und offen für die Mitteilungen des Tieres zu sein. Dies scheint für viele Menschen schier unmöglich, aber ich vergewissere Dir, dass jeder dazu in der Lage ist. Es ist wie mit so vielen Dingen eine Frage der Übung und Geduld mit Dir selbst.

Daher möchte ich Dir in dem Praxisteil meines Buches nicht erklären, wie Du eine Verbindung zum Tier herstellst, sondern viel mehr, wie Du Dich schulen kannst, Deine natürlichen Fähigkeiten wieder zu entdecken.

Meditation

Meditieren bedeutet für viele Menschen, dass man still mit geschlossenen Augen in einer Stelle verharren muss.

Es gibt viele Formen der Meditation, wo dem auch so ist, aber man kann auch in alltäglichen Situationen meditieren, in dem man etwas ganz bewusst tut.
Meditation bedeutet ganz im Hier und Jetzt zu sein und unsere Gedanken nicht in die Vergangenheit oder Zukunft wandern zu lassen. Man fokussiert sich dabei alleine auf den jetzigen Moment mit allen Sinnen.

Die Meditation macht es möglich unseren stetigen Gedankenfluss zu unterbrechen und innerlich zur Ruhe zu kommen. Somit können wir uns für die Botschaften der Tiere leichter öffnen. Umso mehr Erfahrungen Du mit der Meditation gemacht hast, desto leichter wird es Dir fallen, die Mitteilungen der Tiere zu empfangen. Es gibt verschiedene Formen der Meditation. Ich möchte Dir ein paar vorstellen.
Wie bei allem, was ich lehre und weiter trage, empfehle ich Dir auf Dein Bauchgefühl zu hören. Mache nur das, was sich für Dich gut und stimmig anfühlt.

Dies kann auch von Deiner Tagesform oder Entwicklung abhängig sein. Möglicherweise liegt Dir eine Meditationstechnik heute gar nicht, die morgen oder in einem Jahr die genau Richtige für Dich ist. Lege Dich also nie fest, sondern entscheide immer nur für den jetzigen Moment.

Atemmeditation

Bei der Atemmeditation geht es darum Deinen Verstand langsam zur Ruhe zu bringen, indem Du Dich ganz auf Deinen Atem konzentrierst.

Schließe dazu am besten die Augen und atme ein paar Mal tief ein und aus. Beobachte dabei ganz bewusst Deinen Atem. Spüre, wie kalte Luft durch Deine Nasenflügel eingezogen wird, sich Deine Lungen langsam füllen und Du den warmen Atem wieder heraus lässt. Tue dabei nichts weiter als den Atem zu beobachten und Deine Gedanken dabei ziehen zu lassen. Halte an keinem Deiner Gedanken fest.
Dies kannst Du fünf Minuten lang tun oder länger, mache es so lange, wie es sich gut für Dich anfühlt.

Lichtmeditation

Zünde Dir eine Kerze an und beobachte für mindestens fünf Minuten die Flamme. Schaue sie Dir intensiv und bewusst an ohne Deinen Blick abzuwenden und lasse hierbei alle Gedanken,
die eventuell aufkommen, einfach an Dir vorüber ziehen.
Dann schließe Deine Augen und visualisiere Dir die Flamme vor Deinem geistigen Auge.
Beobachte diese so auch nochmal mindestens fünf Minuten. Gedanken, die eventuell währenddessen aufkommen lässt Du sanft, aber bestimmt vorüber ziehen. Du bleibst auf die Flamme vor Deinem geistigen Auge konzentriert.

Geführte Meditationen

Bei geführten Meditationen unternimmst Du eine mentale Reise und kannst dabei Deine Übersinne trainieren. Du stellst Dir zum Beispiel ganze Landschaften vor Deinem inneren Auge vor, wie die Umgebung riecht, wie es sich anfühlt dort zu sein und nimmst auch wahr, was Du mental hören kannst.
Geführte Meditationen oder auch Fantasiereisen genannt, kannst Du in einer Meditationsgruppe machen, Dir auf einer CD anhören oder selbst einen Meditationstext auf Band sprechen.
Man kann sich aber auch einfach einen Text merken oder sich selbst überlegen, wohin die Reise gehen soll.

Bewusst im Alltag sein

Bei der Meditation geht es generell darum im Hier und Jetzt zu sein. Man kann dabei die Augen schließen, kann aber ebenso in fast allen Alltagssituationen meditieren.
Umso öfter Du bewusst im Alltag bist, desto leichter wird es Dir fallen Deinen Gedankenfluss zu stoppen, um empfänglich zu sein.

Du kannst meditieren, während Du kochst, spazieren gehst, Sport machst usw., einfach indem Du dieser Tätigkeit bewusst mit allen Sinnen nachgehst ohne Deine Gedanken abschweifen zu lassen. Besinne Dich zum Beispiel beim Kochen ganz auf diesen Moment und nehme ihn bewusst mit allen Sinnen wahr. Wie fühlt sich das Messer an mit welchem Du die Lebensmittel zerkleinerst? Wie riecht das Essen? Wie fühlt es sich an?
Wenn Du merkst, dass Deine Gedanken auf Wanderschaft gehen. Du daran denkst, was Du später noch einkaufen musst oder noch zu erledigen hast, dann besinne Dich langsam wieder zurück auf den jetzigen Moment.

Je häufiger Du dies praktizierst, desto leichter wird Dir dies mit der Zeit fallen.

Wenn Du spazieren gehst, nehme die Natur um Dich herum bewusst wahr. Versuche auch hier den Gedankenfluss zu stoppen, in dem Du Dich mit Deinen Sinnen nur auf den jetzigen Moment konzentrierst und nicht über Dinge nachdenkst, die schon geschehen sind oder noch geschehen werden. Sei im Jetzt!

Intuition schärfen

Ein weiterer Schlüssel zum erfolgreichen Kommunizieren mit Tieren ist das Gespür für unsere Intuition. Wir nennen es auch Bauchgefühl oder innere Stimme.
Jeder hat sie. Manche Menschen hören bewusst darauf, andere unterbewusst und wiederum andere übergehen ihr Bauchgefühl vehement, ganz in den Fängen des Verstandes.

Doch sei Dir sicher, dass Dein Verstand Dir immer nur aus der vergangenen Erfahrung dienlich sein kann.
Er hat auch nützliche Aspekte, wenn es um das Planen oder verwirklichen Deiner Gedanken geht, doch meist steht er uns auch im Weg und belagert uns mit Ängsten, Sorgen und anderen negativen Gefühlen, die uns lähmen und uns nicht vorwärts bringen.

Du kannst probieren im Alltag bewusster auf Deine Intuition zu hören, mehr auf Dich zu hören. Nicht auf das äußere Umfeld und auch nicht auf den blockierenden Verstand. Das heißt nicht, dass Du naiv oder unvernünftig handeln sollst, aber mehr auf das kleine Gefühl in Dir zu lauschen und ihm zu vertrauen.

Dies wird Dir auch helfen leichter einen Zugang zu den Tieren zu bekommen. Denn die Antworten der Tiere sind ebenso leise und sanft, wie Deine innere Stimme. Nehme Dir vor im Alltag, wenn Du vor Entscheidungen stehst, kurz inne zu halten, ein paar Mal tief einzuatmen und Dich dann selbst zu fragen, was richtig für Dich ist.

Du kannst am Anfang bei kleinen Entscheidungen beginnen, zum Beispiel welchen Weg Du zur Arbeit nimmst, was für Lebensmittel Du einkaufst oder ob Du einen Termin wahrnehmen oder doch lieber absagen solltest. Umso mehr wir auf unsere Intuition hören, desto lauter wird sie und desto empfänglicher werden wir für die leisen Antworten der Tiere, die sich ganz ähnlich anfühlen.

Übung

Der letzte Schlüssel, der Dir helfen wird leichter mit Tieren zu kommunizieren ist es zu üben. Es ist genauso hilfreich, wie banal es klingt!

Denn das Erlernen dieser speziellen Sprache, die schon immer da war, braucht genau wie alle anderen Dinge auch Übung.

Wenn Du ein Instrument lernen willst, dann hilft es Dir nicht nur zu wissen, welche Noten Du anschlagen musst, damit ein Lied entsteht, sondern Du musst auch üben diese Noten richtig zu treffen und es wird Dir immer leichter fallen es zu spielen. Irgendwann wirst Du das Instrument dann spielen ohne groß darüber nachzudenken.

Wie es sich auch beim Auto- oder Radfahren verhält und so vielen anderen Dingen im Leben, die wir einmal gelernt haben.

Zusammengefasst

- Du brauchst die reine Absicht mit einem bestimmten Tier kommunizieren zu wollen.

- Regelmäßige Meditationen und Achtsamkeit im Alltag werden Dir helfen Deine Übersinne wieder zu trainieren und leichter zu nutzen.

- Sei geduldig mit Dir und mache Dir bewusst, dass zu starkes Wollen oder erzwingen wollen zum Gegenteil führt.

- Schaue zu Dir selbst. Wo bist Du eventuell im Unreinen mit Dir? Was blockiert Dich unbewusst?

Dazu Arvio:

„Um mit Tieren kommunizieren zu können benötigst Du die reine Absicht und die Reinheit mit Dir selbst. Wenn Du mit den Tieren in Kontakt treten willst, trete zunächst mit Dir selbst in Kontakt und frage Dich was Du Dir wünschst.
Vom Leben und von Dir selbst. Bereinige alte Wunden und Verletzungen und mache Dich auf für neue Erfahrungen."

Abschließende Worte

Es gibt so viel mehr zwischen Himmel und Erde, als unser menschlicher Verstand begreifen kann und je im Stande sein wird zu begreifen.

Wir alle sind ein Großes und Ganzes und keine voneinander getrennten Individuen. Wenn Du Dir dies bewusst machst, den inneren Impulsen folgst und Deine Tiere als wertvolle Begleiter und ihre unangenehmen Eigenschaften, als Spiegel erkennst, die Dir helfen Dich selbst noch besser kennen zu lernen, dann steht einem erfüllten Leben nichts mehr im Wege!

Und wenn Du verstehst, dass Dein Leben Dir nicht einfach geschieht, sondern Du jeden Tag aufs Neue aussuchen kannst, wie Du Dich fühlst und mit den Dingen, die in Deinem Leben auftauchen umgehst, dann wird Dein Leben mehr und mehr in einen Flow-Zustand geraten.

Ich wünsche Dir und Deinen tierischen Begleitern eine wundervolle irdische Reise mit möglichst offenem Herzen!

Epilog

Während dieses Buch entstanden ist, hat mein Pferd Hazard seine körperliche Hülle verlassen.
Es war eine schwere und traurige Entscheidung, die sich am Ende jedoch richtig und stimmig anfühlte. Der Gedanke, dass Hazards Zeit gekommen ist, kam mir eindringlicher als je zuvor, als meine beiden Pferde vor dem Besuch meiner Freundin und Hufpflegerin angebunden nebeneinander standen.

Prinz in guter Form mit strahlenden Augen und Lebensfreude und daneben Hazard, der wie ein Häufchen Elend wirkte. Zu diesem Zeitpunkt war er sehr mager, nahm schon lange nicht mehr zu, sondern baute wegen seiner chronischen Krankheiten stetig mehr ab. Seine Atemprobleme setzten wieder ein und seine Augen zeigten Jedem, dass er sich in einer melancholischen Phase befand. Doch was ganz neu für mich war, war die innere Stimme, die mir sagte, dass es nun kein Auf mehr geben würde, sondern seine Zeit gekommen ist nach Hause zu gehen, er keine Aufgaben hier auf der Erde mehr hat.

Es folgten mehrere Zwiegespräche zwischen Hazard und mir. Auch dabei spürte ich, dass seine Seele bereit war zu gehen, aber sein

Egoverstand hielt am Leben fest. Jedoch nicht, weil er so lebensfroh war und dieses genoss, sondern weil er seiner Meinung nach verdient hatte zu leiden.

Für mich war die Tatsache schwer, dass sein Verstand sich die Erlösung nicht erlaubte. Ich ließ noch etwas Zeit vergehen, doch Hazards Anblick wurde immer schmerzhafter, bis ich meinen Tierarzt zu Rate rief.
Als der Tierarzt bei uns war, stand Hazard mit hängendem Kopf neben uns. Wir sprachen lange über ihn und seinen Zustand. Gegen Ende unseres Gespräches, sagte mein Tierarzt, dass er viele Grenzfälle aus seiner Praxis kennt, doch dass es für dieses Pferd eindeutig eine Erlösung wäre.
In dem Augenblick drehte Hazard seinen Kopf um, sah dem Tierarzt an und danach mich. Es überkam mich ein Gefühl des Einverständnisses. Auch sein Ego war nun einverstanden.
In der Zeit bis zu dem Tag, wo er seine Hülle verlassen durfte, wirkte er viel leichter. Er sah Licht am Ende des Tunnels. Jeden Tag, wenn ich die Pferde am frühen Morgen versorgte, sagte ich zu ihm, dass er bald zurück nach Hause darf und er verstand mich.

Eines Morgens, als ich die Pferde fütterte, wollte Hazard nicht

fressen. Prinz stand schon am Futterplatz und Hazard stand einige Meter weit davon entfernt und sah nicht danach aus, als habe er vor Prinz gleich folge zu leisten. Ich ging zu ihm und fragte, was los sei. Er vermittelte mir, dass das Futter lieber für ihn gespart werden könne, welchen Zweck soll es noch erfüllen?
Ich versicherte ihm, dass es genügend gibt und er alles in seinen letzten Tagen auf der Erde genießen soll. Als ich ging, drehte er einmal den Kopf zu mir um und lief danach schnaubend zum Futter. Ab da fing er an seine letzten Tage wirklich zu genießen.

Der Tag an dem seine Erlösung kommen sollte war natürlich sehr schmerzhaft, so endgültig. Der Tierarzt kam zwanzig Minuten zu spät. Es kam mir unendlich lang vor. Hazard dagegen wirkte sehr leicht und glücklich und fraß so viel Gras, wie er erwischen konnte. So dass ich schon Zweifel bekam, ob er vergessen hatte, was wir besprochen haben. Ich erinnerte ihn und die Antworten, die er mir gab, hatten eine ganz andere Qualität, wie ich bis dahin von ihm gewohnt war.

Er wirkte fast humorvoll, leicht aufgeregt, aber positiv. Meinte mit einem lachenden Gefühl, dass wir ja wohl oft genug darüber kommuniziert haben, als dass er vergessen konnte, was heute passiert und bat mich darum seinen Körper doch nochmal richtig ausnutzen zu lassen, um das frische Gras zu fressen.

Auch Prinz war in das Geschehen involviert. Von Anfang an schien es für ihn klar zu sein, dass Hazard uns nicht länger begleiten wird. Als der Tierarzt vorfuhr, führte ich Hazard auf den Hof, wo er schon lange nicht mehr gewesen war. Seine übliche Reaktion wäre gewesen laut nach Prinz zu rufen und aufgeregt umherzuschauen, doch er wieherte kein einziges Mal. Er wirkte wach, aber nicht ängstlich, fast schon erwartungsfroh.

Aufgrund des Ereignisses, was bereits seit Jahren zurück liegt, als er schon mal erlöst werden sollte, hatte ich große Angst, dass sich das Szenario von damals wiederholen würde. Sein Ego eventuell wieder aufflammt und sich gegen dem Hilfeschub aus seinem Körper treten zu können wehrte.

Doch es kam glücklicherweise ganz anders. Als er sediert und in Narkose gelegt wurde, legte er sich sanft nieder, ohne Widerstand. Als er die letzte Spritze bekommen hatte, nahm er einen tiefen Atemzug und schnaubte langsam und friedlich aus und er hatte es schon geschafft. Fast… denn ich spürte, dass seine Seele noch im Körper war.

Obwohl Prinz wusste, was passierte, war er außer sich. Er wieherte und rief lautstark nach Hazard und konnte von der Weide aus nicht sehen, wo Hazard war.

Man könnte sich nun fragen, warum Prinz so reagiert hat, wo er doch im Vorfeld wusste, was geschehen sollte. Nun – in dem Punkt unterscheiden sich die Tiere auch nicht von uns. Die Haustiere, die so nah am Menschen sind, besitzen ebenso ein Ego, was Schmerz und Leid erzeugt.
Wir wissen zum Beispiel auch, dass unsere Großeltern einmal sterben müssen, aber sind natürlich dennoch traurig und empfinden Schmerz, wenn es passiert. Auch ich hatte lange Zeit mich auf Hazards Tod vorzubereiten und dennoch war es ein schmerzhaftes Erlebnis.

Von vornherein war es mir das Wichtigste, dass Hazards Seele ins Licht findet und nicht festhält.
Ich wusste, wenn der Tierarzt seine Arbeit erledigt hatte, würde meine beginnen. Mein letzter Dienst für Hazard. Vor geraumer Zeit ließ Hazard in einer Kommunikation verlauten, dass ich ihm den Weg ins Licht ebnen werde. Heute kann ich sagen: Wie wahr!

Als Hazards Körper leblos vor mir lag, dauerte es ein paar Minuten, bis ich das Gefühl hatte, dass seine Seele aus dem Körper getreten war.
Ich nahm seine Seele eine Weile vor mir wahr. Danach hatte ich das Gefühl, dass er auf dem Weg zu Prinz ist. Ich folgte ihm, ging zu Prinz und tröstete ihn.
In dem Moment fühlte ich mich wegen meiner Trauer blockiert. Prinz Anblick tat mir so Leid und weh und auch für mich war der Abschied von Hazards gewohnten Körper sehr schmerzhaft.
Prinz wollte sich nicht beruhigen, wieherte immer wieder in Richtung des Hofes, wo ich Hazard hingeführt hatte, als würde er gleich wieder um die Ecke kommen.

Während ich bei Prinz stand, versuchte ich Hazards Seele wahrzunehmen. Ich nahm sehr viele Lichtwesen war, die über die ganze Weide verteilt waren. Ich sagte zu Prinz, dass ich seine Hilfe brauche, blockiert bin und wir Hazard noch helfen müssen auch wirklich ins Licht zu finden. Ich tat dies um ihn abzulenken und erwartete gar keine Reaktion, wie sie dann kam.

Er hörte auf zu wiehern und drehte seinen Kopf in alle Himmelsrichtungen. Ich tat es ihm gleich und nahm Hazard dann plötzlich auf einem nahegelegenen Feld wahr.

Wenige Sekunden später starrte Prinz in genau diese Richtung und wieherte drei Mal laut. Ich nahm wahr, wie Hazrd auf- und ab galoppierte und stolz war uns zu zeigen, wie gut es ihm jetzt geht. Als ich ihn ins Licht schicken wollte, weigerte er sich anfangs.
Er wollte warten, bis Prinz in seiner neuen Herde angekommen war, wollte ihn so lange nicht alleine lassen. Doch ich spürte, dass Prinz durch Hazards Anwesenheit in dieser Form noch unruhiger wurde.

Es brauchte keine langen Erklärungen und er war bereit ins Licht zu gehen. Zuletzt nahm ich ihn mit drei Lichtwesen auf dem Feld wahr, dann war er hinüber gegangen. Prinz wieherte noch ein letztes Mal und beruhigte sich danach langsam. Fast zeitgleich begann für Prinz und mich ein neuer Lebensabschnitt in einer neuen Umgebung.

Ein paar Wochen später hatte ich einen außergewöhnlichen Traum, welcher sich sehr real und greifbar anfühlte. Ich wachte glücklich und berührt wieder auf.
In meinem Traum sah ich Prinz auf einer Weide, wie er mit seinen neuen Pferdefreunden auf- und ab galoppierte und sehr glücklich dabei wirkte. Ich saß vor der Weide, zwischen dem Zaun und mir

lag Hazard, der abwechselnd zu Prinz und mir schaute, als wolle er mir zeigen, wie gut es Prinz nun geht.
Ich fühlte einen tiefen Frieden, lächelte und schaute dann hoch zu den Sternen, die zu sehen waren, obwohl die Sonne schien und der Himmel strahlend blau war. Ich sagte zu Hazard, dass er nun nach Hause darf.

Ich bin sehr dankbar für die gemeinsame Zeit mit Hazard, durch die ich viel dazu lernen durfte!

Danksagung

Mein Dank gilt allen Menschen und Tieren, die mir eindrucksvoll in meinem Leben begegnet sind, mich geprägt haben und somit zum Wachstum meiner Seele beigetragen haben.

Mein besonderer Dank gilt meinen Eltern, die mir das Leben geschenkt haben.

Meiner Mutter danke ich für ihre unerschöpfliche Liebe und dafür, dass sie mir in allen Lebenslagen unterstützend zur Seite steht und immer an mich geglaubt hat!

Meinem Vater danke ich ebenfalls für seine Liebe, wertvolle Unterstützung und dafür, dass ich weiß, dass er mir schützend im Rücken steht!

Ein spezieller Dank gilt meinen Freunden, die mich mit reinem Herzen begleiten. Für die wunderschönen Gespräche, das gemeinsame Lachen und dafür, dass sie einfach da sind!
Danke an alle, die mir Impulse gaben mein Buchprojekt in Angriff zu nehmen!

Und zu guter Letzt gilt mein herzlicher Dank natürlich den Tieren, die mich im Leben begleitet haben und aktuell begleiten! Ohne sie gäbe es dieses Buch nicht, ohne sie hätte ich nicht so viel von den Tieren lernen und somit auch nicht so vielen Menschen und Tieren helfen können!

Danke!

Über die Autorin

Sarah Rogalski, geboren 1988, lebt in Niedersachsen.
In frühester Kindheit begann sich ihr Lebensweg bereits abzuzeichnen. Seit 2011 und einiger Schicksalsschläge lebt sie ihre Berufung als Tierkommunikatorin in Vollzeit aus.

Sie vermittelt zwischen Mensch und Tier, deckt Missverständnisse auf und begleitet Mensch & Tier bei ihrer gemeinsamen Entwicklung in ganz Deutschland und auch über die Ländergrenze hinaus.
Außerdem hält sie in ganz Deutschland und zeitweise auf Mallorca Seminare zum Erlernen der Tierkommunikation.
Ihr Hörbuch „Tierkommunikation mal anders lernen“ erschien im Februar 2013.

Weitere Informationen unter:
www.tiertouch.de